TEÓFILO HAYASHI

O REINO INABALÁVEL

PREFÁCIO POR:
DR. KINGSLEY FLETCHER

TEÓFILO HAYASHI

O REINO INABALÁVEL

PREFÁCIO POR:
DR. KINGSLEY FLETCHER

Todos os direitos deste livro são reservados pela Editora Quatro Ventos.

Editora Quatro Ventos
Rua Liberato Carvalho Leite, 86
(11) 3746-8984
(11) 3746-9700

Proibida a reprodução por quaisquer meios, salvo em breves citações, com indicação da fonte.

Todas as citações bíblicas e de terceiros foram adaptadas segundo o Acordo Ortográfico da Língua Portuguesa, assinado em 1990, em vigor desde janeiro de 2009.

Editor Responsável: Renan Menezes
Equipe Editorial:
Victor Missias
Bárbara Odria
Eliane Viza B. Barreto
Diagramação: David Chaves
Capa: Big Wave Media

Todas as citações bíblicas foram extraídas da Almeida Corrigida Fiel, salvo indicação em contrário.

Bíblia Sagrada. Traduzida em português por João Ferreira de Almeida, na versão Corrigida Fiel. Citações extraídas do site: http://biblia.com.br/joao-ferreira-almeida-corrigida-revisada-fiel. Acesso de 10 a 30 de setembro.

1ª Edição: Outubro 2018
1ª Reimpressão: Março 2019

Ficha catalográfica elaborada por Geyse Maria Almeida Costa de Carvalho – CRB 11/973

H412r Hayashi, Teófilo.

Reino Inabalável / Teófilo Hayashi. - São Paulo: Quatro Ventos, 2018.
192 p.

ISBN: 978-85-54167-06-6

1. Religião. 2. Cristianismo. 3. I. Título.

CDD 200
CDU 2-42

SUMÁRIO

CAPÍTULO 1: **À PROCURA DO REINO** 21

CAPÍTULO 2: **O REINO INABALÁVEL** 49

CAPÍTULO 3: **OS PILARES DO REINO** 73

CAPÍTULO 4: **O REINO DE PONTA-CABEÇA** 99

CAPÍTULO 5: **O REINO DE TRÁS PARA FRENTE** 125

CAPÍTULO 6: **O REINO AGORA E O REINO QUE ESTÁ POR VIR** ... 141

CAPÍTULO 7: **AS EXPRESSÕES DO REINO** 161

REFERÊNCIAS BIBLIOGRÁFICAS 185

DEDICATÓRIA

Este livro eu dedico à família com qual tenho tido o privilégio de viver os princípios contidos nestas páginas: *Dunamis Movement*.

Desde 2008, estamos nesta jornada/experimento de viver e expandir de maneira relevante o Reino de Deus na sociedade. Tem sido uma aventura que eu não trocaria por nada neste mundo.

Dedico a todos que são parte desse organismo vivo, pulsante, que evolui à medida que o Rei nos guia. Desde a todos os membros da liderança *Dunamis*, ao *Dunamis Staff*, que estão na trincheira conosco todos os dias; aos líderes de *Pockets*, sendo embaixadores do Reino nas universidades, até ao jovem universitário ou profissional que, mesmo de longe, considera-se parte do movimento e nos dá a honra de vivermos juntos o Reino aqui na Terra.

AGRADECIMENTO

Agradeço ao meu Rei Jesus por me dar a honra de representar o Seu Reino na minha geração. Esta é a maior alegria da minha vida.

Muita gratidão à minha família, que tanto amo e que compartilha comigo os desafios e as alegrias de manifestar o Reino de Deus aqui na Terra.

A todos da Equipe 4 Ventos, que incansavelmente trabalharam para extrair tudo o que o Reino representa para mim e me ajudaram a gerar este livro.

PREFÁCIO

A fim de ser sustentável, uma monarquia ou reino deve incorporar as características do seu governante e projetá-las para que todos as vejam. O Reino de Deus é a mais perfeita representação de um governo. Esse Reino, bem como a sua soberania, não é deste mundo (João 18.36), tem autoridade máxima (Salmos 103.19) e opera exclusivamente pelo poder (1 Coríntios 4.20).

Outros reinos imediatamente recuam diante da Sua invencível presença, assim como outros deuses se encolhem diante da presença do Soberano, o único e verdadeiro Deus. Consequentemente, constituindo-O inabalável.

Como crentes, é imperativo que nós entendamos e valorizemos o Inabalável Reino de Deus, a fim de 1) andar na autoridade que ele dá, 2) receber os benefícios que ele garante, e 3) o mais importante, permanecer firmes e imóveis em qualquer circunstância. Devemos sempre discernir se o Reino está em operação conosco. Se não, nós tornamos sem efeitos a justiça, a paz e a alegria no Espírito Santo (Romanos 14.17), não só nas nossas vidas, mas nas vidas de outros que não têm a oportunidade de testemunhar o Reino em nós.

Teófilo Hayashi, meu filho na fé, iniciou um trabalho vibrante, *O Reino Inabalável*. Este livro faz um trabalho impecável de transmitir ao leitor a ideia do Reino de Deus como um movimento poderosamente vivo e incontrolável.

Os princípios que Teófilo compartilha são cativantes e ressoam de página em página, ministrando tanto ao espírito quanto à alma. Aqueles que têm se tornado complacentes para com o Reino serão reenergizados e reengajados. Aqueles que estão começando a aprender sobre o Reino ficarão animados e terão um desejo ávido de ser um cidadão do Reino.

O livro *O Reino Inabalável* é de leitura imprescindível para a geração dos *millenials*, e, de fato, também para todos aqueles do Corpo de Cristo que têm um coração jovem.

Dr. Kingsley Fletcher
Chefe de Estado em Gana (África) e PhD
Fundador e Pastor Sênior da igreja Life International

INTRODUÇÃO

Desde muito jovem, sempre que lia o termo "Reino de Deus" na Bíblia. A imagem que me vinha à mente era a de um reino da Idade Média governado por um rei conquistador, como aqueles da lenda do rei Arthur e os cavaleiros da Távola Redonda, ou do rei grego Alexandre, o Grande, que supostamente conquistou 90% do território que era conhecido na época. Achava que o mais próximo de uma representação física do Reino dos Céus aqui na Terra seria algo parecido com o que foi o reino de Alexandre, o Grande, ou do rei Salomão. Algo tão imponente, próspero, belo, civilizado e avançado, em termos de tecnologia e visão, que os reis e rainhas de outros reinos viriam de suas terras para conhecê-lo, como foi o caso da rainha de Sabá, relatado em 1 Reis 10.

Mais tarde, durante o meu período de estudos no seminário, descobri que, embora a palavra grega utilizada nos evangelhos para descrever reino (*basileia*) fosse um sinônimo literal para um território geográfico sob o domínio de um monarca, seu significado primário, naquela época, remetia à "reinado", no sentido de um período de exercício do governo de um rei. O reino do qual Jesus falava não se limita a uma cidade, um país ou a um pedaço de terra. Sim, é verdade que

Deus quer estabelecer o Seu Reino nesta Terra física, mas quando Cristo anunciou que o tempo do Reino de Deus era chegado, Ele estava dizendo que o governo inabalável de Deus, como o Rei, havia invadido a presente Era para acabar com o reinado das trevas. E esse Reino era inaugurado na própria pessoa de Jesus Cristo, o Deus encarnado. Assim como um alpinista que, depois de muito esforço e perseverança conquista o topo de um monte e planta uma bandeira que aponta para a sua identidade e pátria, em Cristo, Deus estava fincando a bandeira do Reino dos Céus sobre a Terra e declarando: "O MEU REINO INABALÁVEL É CHEGADO SOBRE ESTE MUNDO ABALÁVEL!".

E é exatamente isso que o autor do livro de Hebreus deixa claro na descrição dada acerca do Reino de Deus:

> Portanto, já que estamos recebendo um Reino inabalável, sejamos agradecidos e, assim, adoremos a Deus de modo aceitável, com reverência e temor. (Hebreus 12.28 – NVI)

O anúncio e a revelação de que o governo de Deus, que sempre esteve presente, começava se expandir sobre a Terra por meio do Rei Jesus sinalizou a renovação e a redenção da criação. Um novo Adão veio para redimir toda a criação do pecado cometido pelo primeiro Adão, como está escrito em Gênesis 3, e restabelecer o Reino de Deus na Terra. Se pararmos para analisar, Jesus não veio para primordialmente salvar o mundo. Eu sei que essa afirmação causa um choque de imediato e até, possivelmente, um escândalo. E não quero dizer que Jesus não salvou o mundo, pois isso Ele certamente fez. Porém, se olharmos objetivamente as ações e palavras de Jesus, uma vez que Ele estava na Terra, vemos que o propósito central de Sua vinda era introduzir o Reino de Deus à humanidade e convidá-la a ter parte nesse Reino. Para que isso acontecesse, o meio e o acesso só seriam possíveis através do novo nascimento ou da salvação pela dádiva de Cristo. Essa dádiva é a graça, que tem sua origem no sangue que o próprio Cristo verteu na cruz. Após o sacrifício da morte de Jesus, a Sua ressurreição para uma nova vida e ascensão à destra de Deus, o próprio Deus envia e derrama do Seu Espírito Santo sobre o povo que aceitou fazer parte desse Reino. Jesus reconquistou todo o poder e autoridade para que todos nós, filhos e filhas do Rei, pudéssemos ser coroados como realeza dos Céus e para que Ele governasse como nosso Senhor: Rei dos reis.

Adorar ao Rei, conhecê-lO intimamente e tornar-se como Ele para manifestar o Seu governo na Terra é o chamado de todo cristão e cidadão do Reino. E se realmente queremos ser como Jesus, devemos entender o Seu ministério e mensagem: o Reino.

Em Marcos 1, isso se torna ainda mais nítido ao lermos as poderosas palavras:

> Jesus foi para a Galiléia, proclamando as boas novas de Deus. "O tempo é chegado", dizia ele. "O Reino de Deus está próximo. Arrependam-se e creiam nas boas novas". (Marcos 1.14-15 - NVI)

Através de ensino e parábolas, milagres, sinais e maravilhas – teoria e prática, palavra e poder – Jesus proclamava a chegada de um Reino que viria para confrontar o *status quo* - estado atual ou cenário atual - de qualquer reino deste mundo. Naquela época em que o Império Romano tinha a hegemonia e os judeus esperavam um messias que viria para derrotar os romanos, Jesus quebrava os moldes, desafiava os rótulos e ofendia os preconceitos religiosos com Sua mensagem. Esse mistério do Reino de Deus, além de não ser tão facilmente compreendido, escandalizava os acadêmicos e religiosos da época. A verdade é que desde os dias de Jesus até hoje, o Reino já está entre nós, expandindo o seu território e influência espiritual com evidências físicas aqui na Terra, porém ele ainda não foi manifesto em sua plenitude. Através de Jesus, Deus inaugurou e legitimou o início do Seu reinado entre nós, por meio de um Rei que era 100% homem e 100% Deus. Entretanto, este Rei só consumará a totalidade deste Reino no dia da Sua segunda volta, em que reinará em Jerusalém. Até lá, assim como o senhor da parábola dos talentos, Ele nos confiou a missão de cuidarmos da expansão dos Seus negócios até o Seu retorno: ocupar e multiplicar aquilo que está em nossas mãos, conforme Lucas 19:

> Certo homem de nobre nascimento, partiu para uma terra longínqua, com o objetivo de ser coroado rei de um determinado reino e regressar. Convocou dez dos seus servos, a cada um confiou uma moeda de ouro e orientando a todos lhes disse: "ocupem o lugar até que eu volte". (Lucas 19.12-13 - Tradução livre da versão New King James)

"Ocupar", nesse contexto, implica em não só preencher o lugar de alguém, mas também representar e conduzir os negócios dessa pessoa ativamente. Assim como o homem nobre, o nosso Senhor nos confiou os Seus negócios e o Seu território para que pudéssemos expandi-los com a ajuda do Espírito Santo. Nós precisamos abraçar e nos apropriar do Reino de Deus que existe agora e está ao nosso alcance, ao mesmo tempo que necessitamos ter em mente e almejar o Reino que está por vir e será estabelecido plenamente na glória, após o Grande Dia. Entender esses dois conceitos, normalmente, nos posiciona em um ponto de tensão, já que se tratam de situações opostas. Alguns cristãos respondem a essa tensão entre o Reino manifesto agora e o Reino que ainda está por vir dizendo que Deus não faz milagres hoje. Eles alegam que os dons dados pelo Espírito de Deus foram apenas para o tempo de Jesus e não estão mais disponíveis para nós. Em contrapartida, temos um outro extremo, em que cristãos respondem a essa tensão ignorando amplamente a realidade de que este mundo está sofrendo abalos em todas as áreas da sociedade, dizendo que o reino e o seu poder devem sempre ser manifestados agora e sem falhas – ou há algo de errado conosco.

Eu acredito que, até o retorno do Rei, sempre existirá a tensão deste mistério. Temos orado pelos enfermos e visto muitos sendo curados, temos clamado e dado passos de fé e temos, pela graça de Deus, experimentado milagres. Temos buscado expressar a justiça do Reino em nossa cidade e em nosso país e temos visto muitos pobres sua esperança restaurada. Mas nem sempre os resultados que queremos ver ainda podem ser testificados aqui na Terra. Seria uma mentira dizer que todos os enfermos que ministramos são curados, que sempre que clamamos experimentamos milagres, que todos os pobres que conhecemos já experimentaram justiça e hoje não passam mais necessidade. Gostaria de dizer que esse é o caso, mas infelizmente ainda não posso fazer tal afirmação. No entanto, acreditamos que existe valor em perseverar na fé e na oração, independentemente do que você esteja orando. É por isso que acreditamos que é importante, sim, fazermos a nossa parte, que é orar e crer pela intervenção divina em todas as situações. Acreditamos que sempre que fazemos isso, mesmo que não seja possível ver os resultados que tanto queremos, todo ato de oração cheio de fé pode transformar vidas, pois elas são o veículo do amor de Cristo que atingem a parte eterna do ser humano. Certa vez, o evangelista Randy Clark me disse: "Téo, nem todas as pessoas pelas quais você orar serão curadas, mas minha pergunta é: 'Será que todas as pessoas pelas quais você orar serão amadas?'. Depois do Amém, o que resta é o amor". Nunca mais me esqueci dessas palavras, porque o nosso papel nunca foi curar, e sim nos fazermos disponíveis para manifestar o Reino.

É evidente que enquanto vivemos neste período de tempo, a plenitude do Reino que está por vir é a nossa esperança futura. Entretanto, mesmo com a expectativa pelo Reino que virá, não podemos nos esquecer de que o Reino de Deus já está entre nós. Hoje, temos a oportunidade de representarmos o nosso Rei como embaixadores da nossa pátria celestial. O nosso chamado é ocupar todos os reinos desse mundo até que Ele volte e faça com que todos esses reinos se tornem o Seu Reino. Nós nascemos para um tempo como este. Não importa quantos anos de vida você tenha hoje, se você respira e crê que Cristo é o seu Rei, você faz parte desse Reino e da geração que levará o governo de Deus aos quatro cantos da Terra, revelando que neste mundo apenas um Reino permanece inabalável.

E é sobre este Reino, o Seu Rei, a Sua cultura e as estratégias para estabelecê-lo em todas as esferas da sociedade que falaremos nas páginas seguintes. Oro para que o Espírito Santo abra o seu coração e mente e lhe coroe com revelações e experiências com Deus, que resplandecerão a sua identidade de realeza e a glória do nosso Rei em sua vida.

CAPÍTULO 1
À PROCURA DO REINO

O Reino de Deus é a ênfase mais essencial do ministério de Jesus. Aliás, quando nos lembramos das palavras de Cristo, vemos que o Reino de Deus sempre esteve em Seus lábios e fluía de Suas mãos. Ele não só insistentemente pregava a mensagem do Reino, como também a demonstrava em Suas ações. Todas as curas, libertações, milagres e sinais sobrenaturais que Ele fazia eram a pura evidência da manifestação do Reino de Deus.

Entretanto, não há nada que hoje seja tão mal compreendido no cristianismo quanto a mensagem central de Cristo. Muitos de nós, se tivéssemos de resumir o ministério de Jesus em uma só palavra, diríamos "graça", "amor" ou até mesmo "perdão". Mas a verdade é que a única palavra que pode sintetizar a essência de Jesus Cristo e a sua obra é "Reino". Se pararmos para pensar, tanto a graça quanto o amor de Deus só fazem sentido dentro do contexto de que pertencemos a um Reino que o próprio Cristo inaugurou.

O cristianismo ocidental e moderno tende a limitar a imagem de Jesus à figura do Salvador pendurado em agonia na cruz. Porém, ao passo que Ele é o Salvador que aguentou tudo por toda a humanidade e foi fiel até à morte no calvário, antes de tudo, Ele é um rei que veio ao nosso mundo para estabelecer e expandir Seu Reino. Se nós perdermos essa perspectiva de vista, corremos o sério risco de também perdermos de vista o próprio Jesus. É impossível separar o homem Jesus da mensagem que Ele pregou enquanto caminhou sobre esta Terra: o Evangelho do Reino. É por isso que a procura pelo Reino de Deus sempre começará pelo seu centro: a pessoa do Rei.

Falar de um reino sem antes mencionarmos a natureza de quem o governa e responde por ele é impossível. O rei está no centro e na fonte de qualquer reino. Todos os traços da cultura de um reino têm sua origem no rei, e tudo gira em torno dele. Ao mesmo tempo é importante notar que todas as propriedades, recursos, poderes e vidas pertencem ao rei, pois estão debaixo da sua influência. Tudo vem dele e volta para ele porque dele e para ele são todas as coisas em seu domínio.

Quando falamos de Reino de Deus, não faltam definições. Porém, antes de nos aprofundarmos sobre o que seria o Reino de Deus, talvez seja uma boa ideia alinharmos o nosso entendimento do que é um reino. Um reino nada mais é do que a extensão da influência governamental de um rei sobre um povo e um território. Nesse povo e território, o rei exerce a sua vontade e estabelece seus propósitos de forma soberana. Talvez muitos de nós tenhamos dificuldade em compreender ou aceitar esse sistema de governo pela maneira como fomos educados politicamente. Por mais que ainda existam algumas monarquias ao redor do mundo, esse sistema de governo abriu caminho para a democracia em muitos países, especialmente os ocidentais. Justamente por termos nascido dentro de democracias ou sistemas de governo em que o poder não está nas mãos de uma única pessoa, mas do povo, sem perceber, buscamos entender o Reino de Deus pelas lentes de uma democracia ou de uma república. Isso nunca dá certo. Numa democracia, o povo é quem decide quem será seu líder, seu presidente ou seu primeiro ministro. Como a própria palavra diz, democracia – do grego antigo, *demos* (povo) e *kratos* (poder ou domínio) – significa o "poder nas mãos do povo". Todo indivíduo conta e tem voz. É natural o ser humano carregar dentro de si o desejo de ser notado, ouvido e fazer a diferença. Porém, não é bem assim dentro de um reino. Em um reino, o seu governante não é escolhido pelo povo. Ele, na verdade, governará independentemente da opinião do povo, pois sua autoridade e posição são estabelecidas por direito de nascença. Um rei pode e deve considerar as opiniões daqueles a quem governa, mas ele jamais será refém delas. A sua palavra é absoluta e final. É impossível ter parte no reino sem ter a conexão que vem por meio da submissão ao rei. A verdade é que, gostando ou não o povo, é assim que um reino funciona, e o Reino de Deus também funciona dessa forma.

Não é possível ter parte no Reino do Céus sem antes ter a conexão que vem pela submissão ao Rei. Isso traz mais sentido à afirmação que Jesus faz em João 10.9:

Eu Sou a porta. Qualquer pessoa que entrar por mim, será salva. (King James Atualizada)

Se a porta para o Reino é uma pessoa, é natural concluir que o acesso para esse Reino vem por meio do nosso relacionamento com essa pessoa. Sendo esse Reino eterno, espiritual e de fora desse mundo, é também natural concluir que para acessá-lo é necessário a compatibilidade dos mesmos padrões. A pessoa que não tem vida eterna no espírito e não entende sua cidadania como estrangeira neste mundo terreno não consegue compreender o Reino ou ter parte nele. A salvação do pecado e da corrupção do nosso estado original é o primeiro passo para nos enxergarmos como parte do Reino e nos inserirmos nele.

No entanto, viver no Reino de maneira plena requer mais do que simplesmente ser salvo da injustiça original. Quando reconhecemos que Jesus Cristo não é apenas o nosso Redentor, mas também nosso Rei e Senhor, passamos a acessar o Reino de maneira mais profunda. A palavra "Senhor" significa dono soberano. Passamos a ser não apenas salvos da perdição e insignificância eterna, mas também propriedade exclusiva do Rei. Tal palavra não é um termo restrito ao vocabulário religioso, mas uma declaração política de que, por meio do nosso livre arbítrio, escolhemos pertencer a Cristo e viver debaixo da Sua autoridade. Quando aqui, ainda neste mundo, declaramos que Jesus é o nosso Senhor, provocamos um incidente diplomático entre o Céu e a Terra, uma vez que não pertencemos mais a este reino terreno falido e abalável, mas a um Reino que é inabalável e eterno. A maioria dos evangélicos não percebe essas implicações quando escolhe seguir a Cristo. Todavia, quando cremos na Sua graça, abrimos mão dos nossos próprios conceitos e direitos para fazermos parte de uma família real e ser cidadãos do Reino dos Céus aqui na Terra. Não há decisão que traga mais prazer ao coração do Rei do que esta. E para torná-la realidade é simples, tudo o que precisamos fazer é confessá-lO e crer que Ele realmente é quem diz ser:

> Se com tua boca, confessares que Jesus é Senhor, e creres em teu coração que Deus o ressuscitou dentre os mortos, serás salvo!
> (Romanos 10.9 - King James Atualizada)

Uma vez que aceitamos o senhorio de Cristo sobre as nossas vidas e nos colocamos à Sua total disposição, o próprio Rei faz questão de nos servir como filhos e cidadãos do Reino, revelando os mistérios e as maravilhas do Seu Reino por meio da manifestação da Sua presença. Não existe nada que se compare a estar na presença de Deus. Tenho certeza que não falo apenas por mim. Todos que um dia a experimentaram podem concordar que a maior satisfação que a nossa alma pode atingir só vem quando estamos submersos na presença de Deus. Nesses momentos, temos a chance de sermos expostos à Sua glória e sermos transformados, o que também nos traz uma consciência maior do privilégio que é tê-lO ao nosso alcance.

Ao longo da minha jornada espiritual, frequentemente, tenho tido o privilégio de vivenciar situações em que sou tomado por essa Presença que me envolve de maneira tão real que, em alguns casos, a Sua expressão chega a se manifestar no físico. Em meio às lágrimas que escorrem pelo rosto e o calor que surge ardentemente no peito, me encontro aos pés de Jesus reiterando minha entrega por Ele e pelo Seu Reino. A primeira vez que experimentei essa sensação foi quando criança, logo após confessar minha fé em Jesus Cristo como meu Senhor e Salvador, recebendo naquele dia o novo nascimento e uma nova cidadania. Essa entrega não foi um evento singular, mas foi a primeira declaração de um compromisso que passaria a ser renovado todos os dias da minha vida. Existe um valor imensurável quando um discípulo de Jesus tem o hábito de renovar o seu voto. Refiro-me à entrega do "sim" a Jesus, vez após vez. Isso não é apenas necessário, mas saudável para que o nosso crescimento espiritual seja constante, uma vez que o nosso entendimento de missão e propósito sempre podem ser levados para um novo nível. Todos os dias temos a oportunidade de conquistar novos níveis de entrega e intimidade com o nosso Rei, resultando em um novo entendimento sobre quem Ele é e Seus planos a nosso respeito.

Dois anos depois de ter dito sim ao convite que recebi do Senhor para realizar missões, deparei-me com mais um desses momentos em que só um encontro com o Rei poderia me trazer clareza sobre quem eu era e para onde eu estava indo. Ali estava eu, um jovem missionário morando em uma base de missões ao norte de Londres, preparando-me para ir ao Oriente Médio e ao Norte da África sem saber ao certo para onde minha vida estava caminhando.

Foi durante esse período que alguns amigos de infância, que estudavam e moravam em Paris, me chamaram para passar alguns dias de descanso com eles. Depois de um curto voo, lá estava eu na Cidade Luz, do outro lado do Canal da Mancha. Nos cinco dias em que estive lá, enquanto meus amigos se ocupavam em seus compromissos estudantis, eu aproveitava a oportunidade para andar pela cidade e conhecer os inúmeros pontos históricos e turísticos. Numa dessas tardes, me peguei desabafando com Deus acerca de algumas frustrações. Orava em voz alta confessando as minhas falhas e clamando com todo o meu ser para que Ele me permitisse viver e conhecer mais d'Ele. Eu queria entender melhor qual era o meu propósito aqui na Terra. Sem perceber, em meio a uma caminhada que se intensificava a cada passo e palavra, percebi que estava sendo envolvido pela presença de alguém muito maior do que eu. Senti-me numa emboscada santa e celestial, ao mesmo tempo em que experimentava um temor essencialmente puro invadir o meu coração, como se estivesse na presença de alguém muito importante: um Rei. Jesus estava ali e Ele estava me ouvindo.

Parei de caminhar para tentar absorver aquela presença. Logo percebi que Ele queria falar algo, mas o quê? Quando olhei para cima, avistei, bem diante dos meus olhos, a Catedral de Notre Dame. Do meu interior, ouvi uma voz que dizia: "Entra lá! Entra lá, não para fazer um passeio turístico, mas para orar". Obedeci àquela voz e entrei na linda catedral gótica. Assentei-me em um dos bancos de trás para continuar a minha oração. A presença de Deus permanecia sobre mim e as lágrimas não paravam de jorrar. Fui tomado por um fluir que vinha de dentro e também por uma indignação santa que queimava meu coração e pulsava em minhas veias. Eu dizia: "Deus, eu não me contento em simplesmente ser salvo. Precisa haver algo mais! Eu quero fazer a diferença neste mundo. Eu sei que é para isso que eu nasci! Não quero viver um cristianismo que se resuma a simplesmente ser salvo e esperar a volta de Jesus. Para que o Senhor me fez? Qual é a minha contribuição nesta Terra?".

Foi nesse momento de derramar o coração perante o meu Deus que escutei Sua voz dentro de mim falando: "Vá confessar ao padre!". "Como? Confessar ao padre?". Eu não estava entendendo aquela ordem. Fiquei muito surpreso com o que escutei e logo concluí que tais palavras não vinham da parte de Deus. Afinal de contas, eu sou um evangélico e, certamente, um padre não terá algo para me falar. Porém, quanto mais eu tentava descartar aquelas palavras, mais elas gritavam dentro de mim. Finalmente, eu cedi. Sufoquei a minha religiosidade, levantei-me do banco e entrei numa fila de confessionário. Durante o tempo de espera, eu questionava a loucura que eu, como um evangélico protestante, estava prestes a fazer. Chegou a minha vez. Quando me dei conta, já estava na frente de um padre contando sobre a oração que acabara de fazer no banco, e as lágrimas continuavam a jorrar. O padre, com sua voz cheia de amor, me disse: "Deus vai te usar muito ainda. Você vai levar o Reino de Deus no meio dos jovens. Jovens de diversas nações. Não temas. Ele é contigo enquanto você levar o Reino de Deus para as universidades". Mal sabia ele que acabara de profetizar o que seis anos depois seria o *Dunamis*.

Ainda em choque por ter recebido uma das profecias mais poderosas da minha vida por meio de um padre, saí da catedral enxugando as lágrimas do rosto, com um fogo ardendo dentro do meu peito e a determinação de levar esse Reino para todo lugar que Deus me permitisse, principalmente às universidades. Aquele foi, talvez, um dos momentos mais claros do comissionamento que recebi de levar e promover o Reino de Deus. Porém, eu ainda teria de aprender muito sobre como estabelecer a cultura do Reino de Deus entre os jovens das universidades da minha nação. E isso eu só poderia aprender com uma pessoa, o Rei. Eu precisava buscar a presença do Rei.

A PRESENÇA DO REI

Muitos de nós temos um entendimento superficial do significado de "reino". Tal conceito quase sempre nos remete a um lugar físico, na categoria de um espaço geográfico. Para a maioria de nós, um reino é um lugar, como o Reino Unido ou o Reino da Noruega. Quantas vezes fiquei imaginando como realmente seria a expansão do Reino de Deus dentro de uma faculdade ou de uma sala de aula. Quando Paulo diz que as coisas espirituais só são discernidas espiritualmente (1 Coríntios 2.15), não podemos levar tais palavras levianamente. O Reino de Deus é espiritual e, portanto, não ocupa espaço físico. Sendo assim, a pessoa que não tem olhos para ver no âmbito espiritual não verá o Reino. O Reino de Deus não é um lugar para onde estamos indo, mas uma dimensão que é chegada sobre nós. O fato é que o Reino de Deus tem a ver, sim, com o tempo e o espaço, mas não se limita ao físico ou ao tempo mensurável por relógios ou calendários (*chronos*).

Um reino tem a ver com o período de um reinado, que é estabelecido pela presença de um rei em um território. Ou seja, o reino não é legitimado apenas pela conquista de territórios, mas, primordialmente, pela presença do rei.

O reino de Davi, por exemplo, começou com a sua coroação e terminou com a sua morte. Ele se limitou ao tempo em que o rei esteve presente expandindo seu território. Em uma monarquia, um rei só deixa de governar quando ele se ausenta por morte ou abdicação. Quando perguntado sobre o Seu Reino, Jesus sempre respondia usando a palavra "quando", e não "onde". Quando questionado sobre "onde" ficava o Reino, Ele respondia sobre onde poderíamos ver o Reino em evidência naquele momento: entre nós.

Certa vez, interrogado pelos fariseus sobre quando se daria a vinda do Reino de Deus, Jesus lhes explicou: "Não vem o Reino de Deus com visível aparência. Nem haverá anúncios: 'Ei-lo aqui!' Ou: 'Lá está!'.

Pois o Reino de Deus já está entre vós!" (Lucas 17.20-21 - King James Atualizada)

No capítulo 6 do livro de Isaías, temos um exemplo de quão essencial é a presença de um rei para o estabelecimento e expansão de um reino na Terra.

> No ano em que morreu o rei Uzias, eu vi também ao Senhor assentado sobre um alto e sublime trono; e a cauda do seu manto enchia o templo. Serafins estavam por cima dele; cada um tinha seis asas; com duas cobriam os seus rostos, e com duas cobriam os seus pés, e com duas voavam. E clamavam uns aos outros, dizendo: Santo, Santo, Santo é o Senhor dos Exércitos; toda a terra está cheia da sua glória. E os umbrais das portas se moveram à voz do que clamava, e a casa se encheu de fumaça. (Isaías 6.1-4)

Nessa passagem, o profeta Isaías estava imerso na presença manifesta de Deus, a expressão mais pura da realidade do Céu em um ambiente. Mas é interessante que ele começa a descrever essa experiência mencionando o ano da morte do rei Uzias. Esse rei começou o seu reinado com apenas 16 anos de idade e governou Judá por 52 anos. Na maior parte do seu reinado, o rei Uzias realizou grandes obras e obteve notáveis conquistas. Ele intimidava seus inimigos porque era um líder que promovia a inovação em todas as áreas do seu reino. Graças a essa cultura de inovação, ele revolucionou o setor econômico e bélico da nação de Judá, sendo creditado como o inventor de grandes inovações no setor armamentista, tal como a catapulta. Sua nação prosperou a partir de uma cultura de louvor e adoração, de apreço pela presença de Deus e da expressão dessa cultura em todos os ofícios. Uzias investia os recursos de seu reino em louvor e adoração e também nos levitas. No seu reinado, os levitas eram extremamente respeitados entre o povo de Judá. Por esta razão, o rei Uzias tinha o favor de Deus e dos homens.

É pela relevância do rei Uzias que o profeta Isaías começa o capítulo comentando o ano de sua morte. Essa menção não é um mero detalhe, que ele escolhe inserir no texto. Na verdade, era o relato do sentimento da época. Havia dúvidas e medo instalados no coração do povo por conta da ausência de Uzias. Era fato notório e de conhecimento público que a única razão de a nação de Judá não ter sido atacada por inimigos até então era porque Uzias estava vivo. Com a morte desse rei, era como se a esperança da nação tivesse ido para o túmulo junto com ele. Ele era a representação da presença de Deus que trazia não só a proteção, mas a bênção de Deus sobre Judá. É exatamente nesse momento de dúvida e medo que Isaías tem a maior experiência e revelação de sua vida: um rei – com "r" minúsculo – morre, mas um Rei com "R" maiúsculo permanece reinando de forma inabalável. Essa visão renova não só a esperança do profeta e seu povo, mas realinha o ânimo de toda uma nação em sua devida perspectiva.

Tal perspectiva não mudou: pertencemos a um reino inabalável, que jamais terá fim, pois o nosso Rei triunfou sobre a morte. Ele permanece vitorioso, firme e presente. Não há ninguém mais digno e merecedor de ser chamado de Rei do que o nosso Senhor Jesus. Ele nos conquistou com um amor mais forte que a morte para servi-lO e vivermos na Sua presença. Se estamos à procura do Reino e seus mistérios, precisamos estar à procura do Rei. E se desejamos conhecê-lO, temos de passar tempo em sua presença. Essa é a ordem natural do Reino.

Deus, mesmo sendo Criador de tudo, está o tempo todo disponível para um relacionamento de intimidade. Posso dizer que, apesar das inúmeras experiências que tive, ao ver grandes proezas do Reino perante os meus próprios olhos, jamais encontrei nada parecido com a alegria e a plenitude que a presença d'Ele me traz, e eu sei que isso nunca vai mudar. Não houve uma cura sobrenatural, uma profecia cumprida, ou um milagre palpável que me trouxeram mais satisfação do que estar na presença e em intimidade com o meu Rei. Deus sempre tem mais de Si para nos oferecer. A Sua presença ofusca qualquer tristeza e o brilho da Sua alegria faz qualquer lágrima evaporar num piscar de olhos. Sempre que medito sobre isso, me lembro do Salmo 16.11, que diz:

Tu me farás conhecer a vereda da vida, a alegria plena da tua presença, eterno prazer à tua destra. (Salmos 16.11 - NVI)

O rei mais bem-sucedido da história de Israel, o rei Davi, afirma que é na presença do Rei dos reis que ele encontra prazer. A alegria que o salmista menciona se trata de um contentamento que excede a capacidade humana de compreensão. Essa alegria vai além de todas as conquistas militares e românticas que ele experimentou.

Ela não pode ser comparada com nenhuma outra alegria que já sentimos ou sentiremos aqui na Terra. A felicidade de desfrutar do relacionamento com Deus em Sua essência não é deste mundo. Ela é mais espontânea e eufórica do que a alegria de gritar gol dentro de um estádio de futebol; mais intensa e maravilhosa do que a dança de uma noiva em seu casamento; mais plena do que celebrar a conquista de uma formatura e mais extasiante do que viver o milagre do nascimento de um filho. A alegria plena de estar com Deus é mais apaixonante e empolgante do que qualquer coisa que podemos sonhar ou desejar, porque vem direto da Fonte. E é nesse lugar que encontramos não apenas esse estado de satisfação plena, mas, também, como a Bíblia diz, prazer eterno.

Tudo aquilo que é eterno não pode ser destruído. Este livro que você está lendo agora não durará para sempre. Um dia ele será consumido pelo tempo ou pelo fogo. Mas o Reino de Deus e o prazer que encontramos quando estamos envolvidos pela presença do Rei são eternos. O prazer descrito pelo salmista não se trata de uma satisfação passageira, mas de um contentamento que não pode ser interrompido nem mesmo pelo fim da nossa vida neste mundo. Esse é um dos aspectos que eu mais amo acerca da presença do Rei, ela é eterna e plena.

O REI ONIPRESENTE

Outro aspecto que eu amo a respeito da presença de Deus é que ela é acessível a todos e pode ser experimentada de diferentes formas e em diferentes níveis de intensidade. Ao longo das

Sagradas Escrituras, podemos identificar três tipos de expressões da presença do Rei: onipresença, onisciência e onipotência.

O conceito teológico básico que descreve quem é Deus tem em sua raiz o entendimento de que aquilo que nos difere de Deus é o fato de nós não sermos oniscientes, onipotentes ou onipresentes como Ele é. A palavra *omni* vem do latim e significa "todo". Deus é um ser que tem todo conhecimento, portanto é onisciente; detém todo o poder, desta forma é onipotente; está em todo lugar, por isso é onipresente. Como seres humanos, somos limitados no conhecimento, no poder e no espaço/tempo. Portanto, somos seres inferiores a Deus. Essa é a diferença básica entre Deus e o ser humano.

O rei Davi, pelo visto, tinha isso muito claro quando escreveu o salmo 139, onde descreve sua incapacidade de fugir de Deus, sendo que Ele está em todo lugar.

> Para onde poderia eu escapar do teu Espírito? Para onde poderia fugir da tua presença? Se eu subir aos céus, lá estás; se eu fizer a minha cama na sepultura, também lá estás. (Salmos 139.7-8 - NVI)

A onipresença de Deus era clara para Davi. Como um rei, ele sabia reconhecer o valor daquele atributo. Algo que ao mesmo tempo lhe provocava temor também lhe trazia alegria e consolo, pois apenas Deus poderia desempenhar o papel que nenhum rei humano seria capaz: dar atenção a todo o Seu Reino ao mesmo tempo. Nenhum ser humano consegue estar presente em dois lugares simultaneamente. Apenas Deus pode dar a mesma medida de atenção para todo mundo, porque Ele é onipresente. Você acredita que Deus está presente onde você está agora? Você crê que Ele está ao seu lado enquanto você lê as páginas deste livro? Consegue entender que, neste momento, Ele também está do outro lado do mundo? Deus agora está no Chile, na Espanha, no Japão, na África do Sul, na Austrália, no Oriente Médio, e, neste exato momento, também está na Polo Norte assim como no Polo Sul. Não importa o lugar ou a hora, Deus sempre está presente, porque Ele não é preso ao nosso espaço ou tempo. Ele está acima de tudo isso, e é, por esta razão, que o rei Davi diz: "para onde eu fugirei?". Nós não conseguimos fugir da presença d'Ele. E, no fundo, nós sabemos que não queremos fugir, porque esse é o nosso lugar. Se subirmos aos mais altos montes, ali Ele estará; se formos para debaixo do oceano, Ele estará lá também; se nos escondermos em uma caverna, Ele estará lá. Não há como fugir do Espírito e da presença de Deus, porque Ele é um rei onipotente, onisciente e onipresente.

O REI HABITANDO EM NÓS

Eu entendo que a maioria das pessoas que acredita em Deus como um ser supremo vai concordar sobre a sua onipresença. Porém, como cristãos, se analisarmos com profundidade alguns dos nossos padrões, podemos nos perguntar, "como é que isso se encaixa em meio a tantas orações que nós fazemos na igreja? Por exemplo: 'Deus, eu quero que o Senhor entre no meu coração". Aparentemente, isso não faz muito sentido, porque se Deus está em todo o lugar, Ele já está em nosso coração, e esse pedido seria incoerente. Esse é um raciocínio lógico, mas que nos leva a conhecer mais sobre os mistérios de Deus e a segunda expressão de Sua presença: a presença interna.

Você se lembra do dia em que convidou Jesus para fazer morada dentro do seu coração? Eu me lembro perfeitamente do dia em que fiz esse convite e confessei Jesus como meu Senhor. Eu tinha cinco anos de idade quando fiz a oração de entrega em um retiro de crianças da minha igreja local. Lembro que, quando terminei de orar, a professora que havia me conduzido durante a oração, a Tia Tereza, me pediu para colocar a minha mão sobre o meu coração e perguntou: "Jesus entrou aí dentro?" Eu respondi: "Jesus entrou". Por fé, soube que, daquele dia em diante, Ele verdadeiramente habitava dentro de mim. Tudo se fez novo e agora eu estava salvo. Quando temos a certeza do novo nascimento, experimentamos não só a consciência da onipresença de Deus, mas também experimentamos a presença do Espírito de Deus dentro de nós, carregamos a Sua presença internamente.

Eu me lembro que, no início do *Dunamis Movement*, fazíamos em São Paulo uma reunião mensal chamada Culto *Dunamis*. Esse culto era voltado aos universitários e acontecia em todas as últimas sextas-feiras do mês à noite. No início do ministério, o culto era realizado na Igreja Monte Sião, na cidade de São Paulo, mas posteriormente cresceu a tal ponto de não caber mais no local. Em 2010, fomos para onde realmente sonhávamos ir: dentro de uma universidade. Por quase dois anos, fizemos esse culto no teatro da UniÍtalo, uma universidade na zona sul de São Paulo. Lá tivemos ajuntamentos poderosos com muitas conversões, reconciliações com Deus, curas e milagres, momentos, em que, ao longo daquela temporada, milhares de jovens tiveram suas vidas completamente transformadas. Até hoje, em minhas andanças por aí, sou abordado por pessoas que relatam sobre o divisor de águas que aqueles cultos foram em suas vidas. Na época, eram jovens, em sua maioria, que testemunhavam ter tido encontros palpáveis com Deus pela primeira vez. Inclusive, muitos missionários que hoje estão nas nações e jovens líderes que Deus está levantando na Igreja de Cristo foram frequentadores do Culto *Dunamis*, e lá tiveram a confirmação de seus chamados. A partir daqueles cultos, muitos ministérios e movimentos surgiram e hoje estão se expandindo para proclamar o Reino de Deus em suas respectivas esferas.

Em meio a tantos testemunhos que colhíamos e chegavam até a nós, um dos que eu lembro com carinho é de uma garota chamada Carla. A Carla nunca tinha pisado dentro de uma igreja. Sua família não era nada espiritual ou religiosa, portanto o seu contato com as coisas do Reino de Deus era inexistente até chegar aquela sexta-feira à noite. Em seu primeiro Culto *Dunamis*, ela escutou falar de Jesus. Durante o louvor e adoração naquela universidade, a glória de Deus estava palpável. Aquela menina de 16 anos só chorava sem entender o que exatamente estava sentindo e acontecendo. No final do culto, o altar estava cheio de jovens amontoados. No meio deles estava a Carla, ainda sem entender nada, mas chorando sem parar. As reações eram as mais diversas. Alguns jovens estavam ajoelhados e choravam; outros, deitados, pareciam estar em sono profundo, alguns deles rolavam de um lado para o outro rindo e gargalhando; já outros berravam e não conseguiam parar de tremer. Foi em meio àquela "santa bagunça" que a Carla repetiu a oração de entrega junto com diversos outros jovens. Esse era um típico Culto *Dunamis*. No final do culto, enquanto a equipe desmontava o som, percebi que a Carla continuava lá no altar em prantos. Fui até ela e, em meio ao seu choro, me perguntou: "O que está acontecendo comigo? Eu sinto fogo no meu corpo e não consigo parar de tremer". Eu a tranquilizei dizendo: "Isso é bom, é de Deus e se chama Espírito Santo". Na sequência, perguntei se ela repetiu a oração de entrega. Diante disso, ela me respondeu: "Sim, pedi para Jesus entrar no meu coração e fisicamente senti algo entrando dentro do meu peito e desde então não consigo parar de tremer e sentir calor. Sinto uma presença dentro de mim. Isso é normal?". Eu respondi: "Mais normal impossível! ". A Carla havia experimentado a presença manifesta de Jesus em nós.

A verdade é que o nosso coração é o território que Jesus deseja conquistar para expandir o Seu Reino na Terra. Quando cremos na graça de Deus e reconhecemos Cristo como nosso Senhor e Salvador, Ele faz do nosso coração o Seu trono e do nosso espírito o lar para o Seu Espírito. E é a partir desse trono que o Rei dos reis, então, poderá manifestar a glória do Seu Reino da forma mais pura e poderosa: a Presença Manifesta.

A PRESENÇA MANIFESTA

No capítulo 28 do livro de Gênesis, encontramos uma das mais incríveis ilustrações da expressão desse tipo de presença: a presença manifesta de Deus. Neste capítulo, encontramos Jacó fugindo de sua casa após ter sido jurado de morte por seu irmão mais velho, Esaú, de quem havia roubado a bênção da primogenitura. Jacó está completamente vulnerável e acometido pelo medo de morrer pelas mãos do seu irmão, enquanto buscava refúgio longe da sua terra natal. Em meio a uma fuga não planejada, Jacó para em um lugar para descansar, recarregar a energia e, talvez, esquecer dos seus problemas por alguns instantes. Nos versículos 10 a 12 do capítulo, vemos que ele tem um sonho, no qual tem uma visão clara da presença manifesta de Deus:

> Jacó partiu de Berseba e rumou para Harã. Chegando a determinado lugar, parou para pernoitar, porquanto o sol já se havia posto no horizonte. Tomando uma das pedras dali, usou-a como travesseiro e deitou-se. E teve um sonho no qual viu uma escada apoiada na terra; seu topo alcançava os céus, e os anjos de Deus subiam e desciam por ela. (Gênesis 28.10-12 - King James Atualizada)

Nesse sonho, Jacó vê o Céu invadir a Terra de forma literal. Ele viu os anjos de Deus descendo e subindo por uma escada que conectava o Céu à Terra, onde o Reino de Deus se manifestava e tocava o lugar que ele estava. Naquele momento, Jacó foi tomado pelo temor e reverência que o

Reino e a Presença do Rei provocam em nós.

> E temeu, e disse: Quão terrível é este lugar! Este não é outro
> lugar senão a casa de Deus; e esta é a porta dos céus. Então levantou-se
> Jacó pela manhã de madrugada, e tomou a pedra que tinha posto por
> seu travesseiro, e a pôs por coluna, e derramou azeite em cima dela. E
> chamou o nome daquele lugar Betel. (Gênesis 28.17-19)

Imagino que, assim que Jacó acordou, ele se levantou rapidamente tentando ajuntar seus pertences para fazer sua mala e continuar a fuga. Afinal, ele fugia para preservar sua própria vida. Inicialmente, a pressa e a ansiedade eram tantas que nem percebeu que o lugar no qual ele se encontrava estava sendo invadido por algo que ele nunca tinha visto antes. Porém, concluímos pelo texto que, de repente, ele cai em si e tem seu coração cheio de temor porque havia entendido a visitação que recebera. "Deus e o seu Reino estavam neste lugar e eu não reconheci". Naquele momento, Jacó se arrepende e tem uma mudança de mentalidade. Basicamente, seus olhos espirituais são abertos e ele reconhece que Deus e um portal dos Céus estão naquele lugar. Ao reconhecer a presença manifesta de Deus, Jacó passa a ter parte com Deus, e sem que ele perceba, o Senhor profeticamente já anuncia que ele faz parte do seu Reino e do seu plano de expansão:

> E sonhou: e eis uma escada posta na terra, cujo topo tocava
> nos céus; e eis que os anjos de Deus subiam e desciam por ela; E eis que
> o Senhor estava em cima dela, e disse: Eu sou o Senhor Deus de Abraão

teu pai, e o Deus de Isaque; esta terra, em que estás deitado, darei a ti

e à tua descendência; E a tua descendência será como o pó da terra, e

estender-se-á ao ocidente, e ao oriente, e ao norte, e ao sul, e em ti e na tua

descendência serão benditas todas as famílias da terra. (Gênesis 28.12-14)

Será que alguma vez você já parou o que estava fazendo, independentemente do lugar onde estava, talvez no meio da sua rotina, e caiu em si e percebeu que Deus estava ali? Às vezes, Deus escolhe manifestar a Sua presença nos lugares e de maneiras inusitadas. Essas expressões da presença manifesta de Deus são as expressões que marcam e deixam um divisor de águas em nossa história com Ele.

Nunca vou me esquecer de um episódio em que a presença de Deus foi manifestada de uma das maneiras mais inusitadas. No início do *Dunamis*, fazíamos um evangelismo profético chamado "Caça ao Tesouro". Esse tipo de evangelismo envolve pedirmos pistas a Deus que nos levem ao tesouro verdadeiro: as pessoas que Deus deseja se revelar! Em algumas noites de finais de semana, nos reuníamos para a "Caça ao Tesouro", perguntando a Deus pelas pistas para chegar às pessoas certas e, assim, ministrar o amor e o poder de Deus. Essas pistas, muitas vezes, eram a cor da camiseta, o nome da pessoa, uma condição de enfermidade, ou até mesmo o local onde as encontraríamos. Porém, antes de sairmos à caça, como Equipe *Dunamis*, nos juntávamos lá pelas 23h para orar e buscar a Deus juntos. Buscávamos a presença d'Ele até sentirmos que realmente tínhamos sido tocados por Ele. Era como se repetíssemos a oração de Moisés: "Não nos faça subir daqui se tua presença não for comigo" (Êxodo 33.15). Nessas reuniões, algumas pessoas ficavam embriagadas no Espírito, outras eram tomadas por um choro e encargo por almas, outros borbulhavam com ousadia e uns literalmente sentiam o poder de Deus em suas mãos. Nesse momento, sabíamos que estávamos prontos para "caçar o tesouro". Costumávamos ir até ao bairro da Vila Madalena, em São Paulo, um bairro boêmio, repleto de bares e jovens nas ruas. Em uma dessas noites de "caça", eu e mais dois jovens do *Dunamis* andávamos pelas ruas da Vila Madalena procurando as pistas e orando em línguas. Jovens bêbados estavam na frente dos bares, música ao vivo era tocada em diversos lugares e o clima boêmio de quem procura prazer passageiro pairava no ar. Viramos uma esquina na Rua Fradique Coutinho quando me deparei com um jovem bêbado, cercado de um grupo de amigos, vindo na minha direção. Ele segurava uma garrafa em uma mão e um cigarro na outra. Alterado, ele veio puxar conversa e me perguntou se eu acreditava em *karma*. Pedi para que ele me explicasse melhor o entendimento dele sobre *karma*. Quando, então, ele começou a falar de "energia boa". Eu disse a ele que acreditava em "energia boa", tanto que poderia naquele momento invocá-la. Ele, impressionado, me desafiou: "Duvido que você consiga fazer isso agora". Eu falei: "Feche os olhos. Você vai sentir essa energia como uma bola de fogo em sua barriga". Ele fechou os olhos e eu coloquei minha mão na frente da barriga dele e falei: "Vem fogo de Deus!". E, de repente, ele arregalou os olhos e ficou espantado dizendo: "O que é esse fogo que eu estou sentindo?". Diante disso, ele perguntou se os outros amigos dele poderiam sentir também. Pedi a todos que saíssem do bar e viessem até a calçada para formar um círculo dando as mãos. De mãos dadas, pedi que fechassem os olhos e orei: "Espírito Santo de Deus, tu que tens todo o poder, vem agora com tua energia, teu amor e poder." Pedi que esperassem. Alguns expressavam descrédito ou faziam comentários do tipo: "Não acredito que ele é evangélico". Todo comentário cessou quando, de repente, dois rapazes apagaram e caíram no chão debaixo do poder de Deus que invadiu aquela calçada. Depois disso, muitos pediram oração, inclusive uma garota que estava tentando cometer suicídio e outros com depressão receberam ministrações.

Quando estamos diante da realidade sobrenatural do Reino de Deus, a Presença Manifesta, nosso coração se abre para receber e reconhecer a soberania do Rei. E por consequência passamos a fazer parte do Seu Reino.

Todos nós temos a onipresença de Deus à nossa disposição. Todos os que nasceram de novo tem a presença interna de Deus. Mas para termos experiências com a presença manifesta de Deus, precisamos oferecer as circunstâncias e preparar a atmosfera adequada para que Ele venha se manifestar. Sim, é verdade que o nosso Deus é soberano. Isso significa que no final de tudo Ele vai se manifestar na hora que Ele quiser e do jeito que Ele quiser. Mas é nossa responsabilidade preparar o caminho para que Ele venha e encontre uma atmosfera em nosso meio que é propícia para que a presença d'Ele se manifeste. No momento em que a presença manifesta de Deus invade o nosso mundo, experimentamos o cumprimento da súplica de Jesus na oração do Pai Nosso: Venha a nós o teu Reino... esse é o momento em que o Céu toca a Terra, assim como Moisés experimentou o *Shekinah* (palavra que em hebraico significa "habitação manifesta de Jeová"). Como Equipe *Dunamis*, através das nossas reuniões de oração que antecipavam a Caça ao Tesouro, o que estávamos basicamente dizendo era: "Deus, não nos envie nessa missão se a tua presença não for conosco. Precisamos da manifestação da Tua presença em nossa retaguarda."

> Agora, pois, se tenho achado graça aos teus olhos, rogo-te que me faças saber o teu caminho, e conhecer-te-ei, para que ache graça aos teus olhos; e considera que esta nação é o teu povo. Disse pois: Irá a minha presença contigo para te fazer descansar. (Êxodo 33.13-14)

Se analisarmos atenciosamente, veremos que Moisés não se contentava com a resposta de Deus, por isso ele dizia "Se a tua presença não for conosco, não nos faça subir daqui". Moisés tem a responsabilidade de levar o povo para a terra prometida, mas ele entende que se a presença de Deus não estivesse com ele – e todo o povo – não faria sentido tirá-los de lá. Ele entendia que não poderia governar um povo na força de seus próprios braços ou dependendo de suas habilidades humanas. Sem a presença do Rei indo adiante dele, era impossível exercer o governo do Reino. Se Moisés teve o zelo de pedir pela presença manifesta de Deus antes mesmo de chegar à terra prometida, isso nos indica que fazermos coisas boas e até exercer o ministério sem a presença d'Ele é uma real possibilidade. Quem sabe o passado de Moisés, que pela força do próprio braço, levado por justiça humana e que resultou no homicídio do soldado egípcio, o ensinou que aquilo que efetivamente traz a libertação é a Presença. A tentativa de levar a libertação ao povo de Israel pela força do braço resultou em 40 anos no deserto para ele. O pavor de repetir o mesmo erro desperta em Moisés a súplica: "Por favor, não me faça ir sem a Tua presença! É a tua presença que fará a diferença!".

Existem pessoas que estão satisfeitas apenas com a presença onipresente de Deus, mas para Moisés a revelação de que Deus está em todos os lugares não era o suficiente para levá-lo a um novo nível de dependência e confiança no Senhor. Ele aprendera com o passado. Na verdade, eu sou da opinião de que quanto mais clareza tivermos acerca do nosso propósito e missão, mais clara fica a nossa dependência da intervenção sobrenatural de Deus para o sucesso daquilo que fomos chamados a cumprir. Deus quer colocar uma fome em nossos corações para que façamos a oração de Moisés todos os dias. É da vontade d'Ele que nós venhamos, assim como o apóstolo Pedro nos instrui em 1 Pedro 5.6, a nos humilharmos debaixo da poderosa mão de Deus, para que Ele nos exalte no tempo devido. Deus quer que tenhamos uma paixão tão intensa pela Presença, a ponto de não nos importarmos com o onde, o que ou com quem está conosco. Se a presença d'Ele não for junto conosco, nada vale. Será que nós temos o mesmo coração que Moisés tinha? Sairmos do Egito espiritual, da condição de escravos, para fazermos parte da realeza do Reino de Deus é termos a presença do Rei fazendo morada dentro de nós. Mas, para irmos para a terra prometida, necessitamos da Presença se manifestando adiante de nós. Moisés sabia disso.

Eu quero desafiar você a viver uma vida que corre constantemente atrás da presença d'Ele. Existe mais!

CAPÍTULO 2
O REINO INABALÁVEL

Assim como o seu Rei, o Reino de Deus tem em sua essência o atributo de ser atemporal e eterno. É um Reino que não tem começo e não conhece o fim. O governo de Deus já existia antes dos fundamentos deste mundo, antes mesmo de todas as coisas existirem ou qualquer outro reino ser estabelecido. Esse Reino permanecerá completamente inabalável, independentemente dos abalos que os outros reinos sofrem. Sua magnitude é tamanha, que não cabe em nossa concepção limitada de tempo e espaço. O reinado de Deus já vigorava sobre todo Universo e criação antes mesmo de começarmos a datar o tempo ou darmos nome a qualquer pedaço de terra. Antes mesmo de qualquer coisa ter imagem ou forma, Ele já existia. Em sua essência, o Reino dos Céus é um reino que está além da compreensão humana porque, como Jesus afirmou diante de Pôncio Pilatos: "Meu Reino não é deste mundo". O Reino de Deus é espiritual e, por isso, já dizia o apóstolo Paulo em sua primeira carta aos Coríntios que o que pertence ao mundo espiritual só pode ser discernido espiritualmente:

> Ora, o homem natural não compreende as coisas do Espírito de Deus, porque lhe parecem loucura; e não pode entendê-las, porque elas se discernem espiritualmente. (1 Coríntios 2.14)

Apesar de exceder a nossa capacidade de compreensão, uma vez que Jesus veio e inaugurou a revelação de que o reinado de Deus na Terra havia começado com a sua chegada, ganhamos acesso à verdade sobrenatural desse Reino em nosso mundo.

Enquanto esteve aqui, Jesus não apenas demonstrou com poder e com a Palavra de Deus que o governo dos Céus estava sendo estabelecido entre nós, como também ensinou sobre a cultura desse Reino e como todo aquele que estiver disposto a se arrepender e crer n'Ele poderia tomar parte n'Ele. A Bíblia nos revela, por meio das palavras e atos de Jesus, que o governo de Deus está entre nós em constante expansão. Ao profetizar sobre o Messias, o profeta Isaías pontua:

> Do incremento deste principado e da paz, não haverá fim, sobre o trono de Davi e no seu reino, para o firmar e o fortificar em juízo e em justiça, desde agora e para sempre. (Isaías 9.7 - ARC)

O acréscimo do governo (principado) e da paz de Deus não tem fim, está em constante avanço e crescimento. É um Reino que está, em alguns momentos, atuando discretamente como sal da Terra e, em outros momentos, operando de maneira notória como luz do mundo. Mesmo tomando diferentes formas, o Reino sempre e constantemente está pronto para ganhar território nas ruas, nas universidades, no mercado financeiro, nos lares, na mídia, na indústria do entretenimento e da moda, nas igrejas e nos palácios governamentais. O desafio e a responsabilidade que temos é entrarmos em concordância e nos alinharmos com o Reino, justamente para sermos esse canal através do qual o Rei tanto deseja fluir.

... porque eis que o reino de Deus está entre vós. (Lucas 17.21b)

O Reino de Deus sempre esteve em vigor, desde os tempos de Gênesis. Na verdade, desde o Jardim do Éden foi do desejo do Criador que entrássemos em colaboração com Ele na expansão e manifestação do Seu Reino aqui na Terra. Sabemos que o plano não foi executado como todos gostaríamos, pois Adão usou de seu livre arbítrio para quebrar essa concordância requerida para ser o canal d'Ele aqui. Desde então, o plano de trazer a restauração do Reino na Terra carece passar por um processo de reconciliação com o Criador, que nesse caso, só acontece através do segundo Adão. A revelação e o acesso ao Reino só chegaram a nós quando o maior representante e embaixador desse governo celestial, o Rei Jesus, desceu dos Céus para anunciá-lo em nosso meio, destruindo as obras do príncipe desse mundo e nos concedendo o Seu Espírito para termos, então, o entendimento a respeito do Reino. Esse processo legitima a nossa identidade como parte da realeza dos Céus, e sela a essência do Rei em nós. Em outras palavras, o que acontece nesse trâmite é que somos adotados pela família Real.

> Mas, vindo a plenitude dos tempos, Deus enviou seu Filho, nascido de mulher, nascido sob a lei, para remir os que estavam debaixo da lei, a fim de recebermos a adoção de filhos. E, porque sois filhos, Deus enviou aos vossos corações o Espírito de seu Filho, que clama: Aba, Pai. (Gálatas 4.4-6)

Tenho viajado extensivamente pelo Brasil e pelas nações falando com a Igreja de Cristo e, na sua grande maioria, com jovens universitários e jovens profissionais. Nesses últimos dez anos em que meu ministério itinerante tem se intensificado, frequentemente sou convidado a pregar em conferências e ajuntamentos e, de maneira geral, a fome por mais de Deus é evidente em todos os lugares, não importando em qual região do Brasil ou em qual país eu esteja. Em quase todos os lugares que vou, vejo jovens apaixonados por Jesus e que buscam intensamente a Sua presença. Participo de reuniões em que o louvor e adoração a Deus é carregada de paixão e sinceridade, e os milagres e o sobrenatural são abundantes. Nesses lugares, existe muita conversão e reconciliação, e o crescimento numérico é algo contínuo. Porém, ocasionalmente, deparo--me com alguns jovens que enxergam além do embalo e crescimento palpável da Igreja e que me questionam acerca do impacto do Reino fora do local onde esses eventos estão acontecendo. Basicamente, estão buscando sinais tangíveis do Reino nesta Terra a tal ponto que aquilo que experimentam em reuniões e cultos transforme as ruas e o mercado.

Para abordar este questionamento que muitos dessa geração carregam, muitas vezes, é preciso começar com uma desconstrução na mente. O choque inicial de certos princípios básicos é necessário e aponta a nossa perspectiva para a direção correta, a fim de trabalharmos para que o Reino mantenha sua efetividade, uma vez que ele é atuante fora das quatro paredes da Igreja.

Primeiramente, é importante mencionar que a Igreja só existe porque o Homem caiu em Gênesis 3. Isso mesmo, a Igreja é produto da queda. Isto pode te chocar em um primeiro momento, mas a verdade é que o Reino de Deus e a Igreja não são sinônimos. O Reino já existia muito tempo antes de a Igreja surgir. Entenda que o propósito original de Deus nunca foi criar e expandir uma Igreja na Terra, mas sim estabelecer e expandir o Seu governo celestial neste mundo terreno. A Igreja se tornou o agente pelo qual o Reino de Deus é expandido na Terra. Antes de ocorrer a queda do homem em Gênesis 3, o Éden já manifestava o estabelecimento do Reino na Terra. Portanto, se o Reino já estava estendido para a Terra e presente no Éden, a Igreja se torna desnecessária. Não existe a necessidade de termos uma embaixada brasileira dentro do Brasil. O Brasil em si já carrega a plenitude do próprio país e, portanto, construir uma embaixada brasileira no próprio Brasil seria inútil. Porém, ter uma embaixada brasileira na Argentina faz sentido. A

Argentina não está no Brasil, e uma embaixada brasileira em território argentino seria a representação oficial do Brasil naquela terra estrangeira. A embaixada em si é a propriedade do Brasil. Perceba que eu disse a "propriedade" do Brasil, e não a "plenitude" do Brasil. Quando piso na embaixada brasileira na Argentina, estou em território brasileiro, porém não estou no Brasil. A missão daquela embaixada é justamente promover e defender os interesses do seu país de origem, nesse caso o Brasil, naquela terra estrangeira, a Argentina. A mesma coisa acontece na relação entre Reino de Deus e Igreja de Jesus Cristo. A Igreja é a embaixada que representa e promove os ideais do Reino de Deus nessa terra estrangeira, as nações do mundo.

Muitos cristãos passam suas vidas inteiras definindo o Reino de forma estreita demais, em termos de uma denominação ou de uma única expressão de fé em Cristo. E com isso, acabam limitando a sua compreensão sobre a vontade de Deus para suas vidas e para o resto do mundo. Deus enviou o Seu Filho para garantir que conhecêssemos sobre o Reino. Quando descobrimos que o Reino é a nossa pátria celestial, consequentemente temos uma perspectiva celestial acerca da vida. Em outras palavras, recebemos uma cosmovisão do Reino. Começamos a sentir que pertencemos a outro lugar e a redescobrir os benefícios que podemos receber aqui, neste tempo presente, por meio da nossa cidadania celestial. Sim, a Igreja de Cristo representa o Reino na Terra, porém falhará tentando espremer a totalidade do Reino para dentro de suas quatro paredes. A Igreja deve se enxergar como essa embaixada celestial cuja principal responsabilidade é promover o relacionamento entre Deus e o Homem e propagar os valores do Reino na Terra. O Reino de Deus não é uma religião. Um Reino é a influência governamental do Rei sobre um território onde Ele exerce Sua vontade, Sua intenção e Seu propósito. A Igreja corresponde apenas a uma das esferas de influência que compõe o território onde a cultura do Reino deve ser implantada.

A problemática com a falta de clareza da distinção entre o Reino e a Igreja é que se não entendermos que somos chamados para expandir o Reino e que isso vai além de construção de Igreja, corremos o risco de sermos religiosos em uma "cruzada", levantando bandeiras de religião ou denominação, quando nossa efetividade está em viver o centro daquilo que Jesus nos chamou para ser como Igreja: os chamados para fora. É no compromisso de expandir o Reino fora de nossa bolha evangélica que atuamos em alta efetividade e preservamos a pureza do que é ser Igreja. Se pararmos para pensar, as três principais religiões do mundo – judaísmo, islamismo e cristianismo – dizem ter sua origem em Abraão. Porém, Abraão nunca fundou uma religião. Deus nunca prometeu uma religião a ele, mas sim uma propriedade e uma descendência que serviria para expandir e estabelecer a Sua vontade e o Seu Reino entre os reinos desse mundo. Em outras palavras, Deus prometeu a Abraão um território e uma nação de filhos e filhas que serviriam como embaixadores do Reino do Seu Senhor.

Então o Senhor disse: "Esconderei de Abraão o que estou para fazer? Abraão será o pai de uma nação grande e poderosa, e por meio dele todas as nações da terra serão abençoadas. Pois eu o escolhi, para que ordene aos seus filhos e aos seus descendentes que se conservem no caminho do Senhor, fazendo o que é justo e direito. (Gênesis 18.17-19 – NVI)

Por muitas vezes, estamos investindo muito mais esforços e recursos para levantar a religiosa bandeira da Igreja, quando, na verdade, o que o mundo está aguardando com grande expectativa é que venhamos levantar a bandeira de um Reino que é capaz de trazer paz, justiça e alegria a todos os povos e nações, um reino inabalável dentro de uma sociedade falida e abalável. A vontade de Deus é que vivamos muito mais do que pode ser vivido com Ele entre as quatro paredes de um templo, assim como acredito que Ele desejava que Adão e Eva tivessem vivido muito mais do que viveram dentro de um jardim. Um dia na glória, Jesus vai nos colocar na plenitude do Seu Reino, e não dentro de uma igreja. Imagine só quão frustrante seria se passássemos toda a nossa vida servindo a Igreja aqui na Terra, morrêssemos e, quando chegássemos na eternidade, Jesus falasse assim: "Bem-vindo ao Céu! Agora vocês vão para a minha Igreja no Céu e ficarão lá dentro por toda a eternidade". Quebra toda a nossa expectativa de viver algo novo com Deus.

Eu amo a Igreja, mas a verdade é que não precisaremos dela quando estivermos no Céu. A Igreja existe em função da expansão do Reino aqui na Terra. A palavra "igreja" tem sua origem na palavra grega *ekklesia*, que significa "chamados para fora". A primeira vez que Jesus menciona essa palavra nas Escrituras é no capítulo 16 do evangelho de Mateus:

> E Jesus, respondendo, disse-lhe: Bem-aventurado és tu, Simão Barjonas, porque não foi carne e sangue quem to revelou, mas meu Pai, que está nos céus. Pois também eu te digo que tu és Pedro e sobre esta pedra edificarei a minha igreja, e as portas do inferno não prevalecerão contra ela. E eu te darei as chaves do Reino dos céus, e tudo o que ligares na terra será ligado nos céus, e tudo o que desligares na terra será desligado nos céus. (Mateus 16.17-29 – ARC)

Nessa passagem, Jesus está falando com os seus discípulos numa cidade chamada Cesaréia de Filipe, em um contexto muito mais político do que religioso. Tal cidade havia sido construída e batizada em homenagem ao imperador César e era como uma réplica de Roma em miniatura feita para contribuir com a disseminação da cultura romana. Naquele contexto, Jesus disse que estabeleceria a sua Igreja, mas com uma visão político-governamental, e não religiosa. Jesus nunca falou "Sobre esta pedra eu construirei o meu Templo ou a minha Sinagoga". Não! Ele usa o termo político usado na época: *ekklesia*. Esse termo *ekklesia* era o mesmo nome atribuído ao grupo de ministros apontado pelo imperador para difundir a mente e o comportamento romano para o restante do Império. A ideia dos romanos era conquistar não apenas por força e violência, mas por influência. Estes grupos eram compostos pelos mais diferentes tipos de pessoas, com as mais diferentes *expertises*, porém unidos por uma mesma cultura e cidadania, para mostrar como era a cultura e o dia a dia de um romano. A função da *ekklesia* romana era converter sistemas sociais onde chegavam por meio da influência. Sob as lentes de Jesus, o nosso Rei, a Igreja nunca foi criada para se limitar a um grupo de estudo bíblico, círculo de oração ou reunião de adoração, mas um grupo de embaixadores do Reino. É por isso que se quisermos viver o evangelho que Jesus pregou, precisamos ter em vista que o Reino, com "R" maiúsculo, é muito maior do que a Igreja, com "I" maiúsculo, pois ela é um produto da queda do homem no Éden, a primeira colônia da plenitude do Reino na Terra para converter sistemas.

Todo reino carrega em si a característica de buscar expansão. Não é diferente com o Reino de Deus. Deus é um Rei que sempre teve o desejo original de estender o seu reino invisível para o nosso mundo visível. Ele criou um modelo da plenitude do Seu reino na Terra, o jardim chamado Éden, uma colônia governada por seres que carregavam a natureza e tinham uma missão: colonizar o resto do mundo e reproduzir o padrão do Éden por toda a Terra. O que é uma colônia? Uma colônia é um território que está sob o domínio e influência de um governo central imperialista. No caso do Brasil, durante o período colonial, o governo real de Portugal considerava a colônia brasileira como um posto avançado da autoridade do reino português. Portugal está a milhares de quilômetros de distância do Brasil, mas aqueles que habitavam o território brasileiro naquela época eram considerados cidadãos do reino português. A colonização significa que um reino foi expandido para um novo território, e que, depois de um tempo, a cultura daquele reino será manifestada entre os cidadãos independentemente se esses tenham, em algum momento do passado, possuído uma cultura diferente. Adão e Eva, juntamente com a presença de Deus naquele lugar, tinham todos os recursos necessários para cumprir com a missão de fazer de todos os povos um só reino: a nação dos filhos de Deus.

Como foi que eles se saíram nessa missão? A Terra parece com o Céu? Infelizmente não. Todos os dias recebemos notícias sobre escândalos políticos. Temos medo de andar nas ruas das nossas cidades por conta dos altos índices de violência e criminalidade. Não conseguimos confiar nossos filhos a professores ou mesmo membros de nossas próprias famílias por medo de sofrerem abusos. Nossa sociedade, abalada pela ausência do Rei e seu Reino, sofre com famílias quebradas, suicídios, corrupção, divergências religiosas, epidemias, guerras, falências, lares e nações partidas. Precisamos que o Rei nos salve de nós mesmos. E é por esse motivo que a Igreja de Cristo se faz tão importante desde o dia que Adão e Eva desobedeceram a Deus e declararam independência da Sua presença. Na queda do Homem no Jardim do Éden, Adão não havia perdido apenas o acesso à presença do Rei, mas também a sua cidadania e a sua autoridade como embaixador do povo de Deus na Terra e, por consequência, sua permissão para governar sobre a única "colônia" do Reino em nosso mundo. É nesse momento que o plano da salvação e a Igreja surgem para servirem ao propósito do Jesus, que veio ao nosso mundo para nos salvar da morte, do pecado e restaurar a nossa identidade e autoridade para convertermos os reinos deste mundo ao Reino do nosso Deus. Ao analisar a história da humanidade, você recordará que nenhum reino jamais chegou ao poder e foi estabelecido aqui na Terra sem o derramar de sangue. É por isso que o Reino de Deus é maior do que todos os reinos e impérios que já passaram por este mundo, pois ele foi estabelecido sobre o sangue de um rei: Jesus Cristo. Por meio da Sua morte e ressurreição, Jesus legitimou o Seu direito de ser rei não apenas no Céu, mas também na Terra. Cristo não nasceu e se tornou um rei depois. Ele foi um Rei que se encarnou e nasceu em uma manjedoura em Belém para vir e reconquistar a autoridade do Homem sobre um território que era nosso, mas foi entregue ao Diabo como consequência do pecado de Adão e Eva.

> E o diabo, levando-o a um alto monte, mostrou-lhe num momento de tempo todos os reinos do mundo. E disse-lhe o diabo: Dar-te-ei a ti todo este poder e a sua glória; porque a mim me foi entregue, e dou-o a quem quero. (Lucas 4.5-6)

Todos os grandes impérios que já existiram na Terra – império babilônico, império grego, império romano, império persa, império mongol – cresceram, estabeleceram-se, alcançaram o seu ápice e depois se tornaram ruínas. Mas perceba a magnitude daquilo que você carrega dentro de si. Você faz parte de um reino que é o primeiro e o último de todos. Um reino que jamais poderá ser abalado pelos conflitos e pelejas deste mundo terreno. Você já parou para pensar que não existe crise no Reino de Deus? Nada que acontece em nosso mundo pode influenciar o Reino dos Céus. Mas tudo que acontece nos Céus pode influenciar os reinos deste mundo. Nenhuma crise econômica, social ou política pode abalar o Reino. Não importa o que aconteça, Deus nunca entra em crise no trono d'Ele, pensando "E agora, como vou continuar expandindo o poder do meu Reino?". Ele sabe que, assim como Ele, o Seu reino nunca para de avançar de glória em glória! Você acha que Deus, antes de te enviar para as nações, ou para o campus universitário, ou para Hollywood, ou para o parlamento ou para a bolsa de valores, está preocupado com a oposição humana? Você acha que Ele está lá no Céu com a calculadora na mão, preocupado com a alta do dólar? Ele poderia estar pensando:" Deixa eu fazer as contas aqui. Filho, filha, vamos avançar com o seu chamado só no ano que vem, porque a economia está em recessão e até lá ela vai reagir e melhorar". De maneira alguma Ele pensaria assim! Não existe escassez no Reino de Deus. Não existem pessoas ou organizações com culturas mais fortes do que a do Reino eterno que você carrega dentro de si. Se você sonha em cumprir o seu chamado efetivamente aqui na Terra, você precisa ter a consciência disso e andar constantemente debaixo dessa verdade. Não haverá falta de opiniões e indicativos humanos que tentarão desencorajá-lo de expandir o Reino aqui. Entenda que o seu poder está na concordância. Se você concorda com a negatividade da mídia, com a incredulidade da sociedade, com o cinismo da época, você acaba de empoderar o reino das trevas, que é sustentado por mentiras. Porém, se você concorda com as palavras da comissão que Cristo nos deu, com as promessas que o Pai já nos fez e com a voz do Espírito Santo que nos guia em toda a verdade, você acaba de permitir o fluir do Reino de Deus através da sua vida. Se você não for intencional em alinhar a sua concordância com o Rei, você vai passar toda a sua existência aqui na Terra limitando o agir de Deus em você, pois a sua mente permanecerá presa às perspectivas terrenas.

Deus vai abençoar a sua vida com finanças, relacionamentos, patrimônios, oportunidades e muito mais. Porém, a verdade é que, quando nós buscamos em primeiro lugar o Reino de Deus, todas as riquezas passageiras deste mundo já serão automaticamente acrescentadas junto às recompensas eternas, que só conquistamos quando buscamos a vontade do nosso Rei. O nosso Senhor nos promete vida e vida em abundância se verdadeiramente colocarmos o Seu Reino como prioridade em nós. Podemos passar a vida inteira com a eternidade garantida e não experimentarmos a vida em abundância que Ele deseja nos dar. Por outro lado, podemos escolher viver a abundância do Reino aqui na Terra dos viventes hoje, mas primeiro temos que buscar aquilo que é eterno agora. Não conseguiremos viver a plenitude do Reino de Deus nesta vida se não tivermos em mente que nascemos para a eternidade. Você não nasceu aqui para viver neste mundo por 60, 70, 80, 90 anos. Você nasceu para a eternidade.

A história de Neemias ilustra bem como a busca por aquilo que é eterno pode transformar a realidade à nossa volta. Neemias é uma importante figura na história pós-exílio do povo de Deus. Ele viveu durante o período em que Judá era uma província do império persa, e ele havia sido designado copeiro real do rei persa, Artaxerxes I. Apesar de ter servido sob cativeiro em uma nação inimiga, Neemias estava no lugar certo para viver o seu chamado, porque o seu coração estava onde deveria estar: debaixo da presença de Deus e na busca pelas coisas eternas. Por meio de seu irmão, Neemias ouviu sobre a condição lastimável de Jerusalém e seus muros, que haviam sido completamente destruídos. Neemias se encheu de tristeza e aflição com essas notícias, pois na perspectiva humana era apenas mais uma cidade que havia sido conquistada e estava em ruínas, mas na perspectiva celestial, aqueles muros abalados representavam uma afronta ao Reino inabalável de Deus. Ainda que Neemias estivesse ali no palácio do rei, em um momento confortável da sua vida, numa posição privilegiada, alguma coisa em seu coração dizia que aquilo não era a plenitude do que ele tinha nascido para viver. Por muitos dias, Neemias permaneceu em luto, jejuando e orando por Jerusalém, buscando em Deus o seu conforto. Até que, finalmente, o rei persa nota a tristeza em sua expressão e lhe pergunta o motivo de tal angústia. Neemias compartilha o seu coração com rei, que lhe estende favor e concede permissão para ir à cidade e agir lá como governador da Judeia. O bom testemunho de Neemias dentro do palácio do rei Artaxerxes I combinado à sua paixão e zelo pelas coisas de Deus lhe deram acesso a um novo nível de autoridade para investir a sua vida em algo eterno: a reconstrução dos muros de Jerusalém. Deus o fez deixar de ser copeiro de um rei, com "r" minúsculo, para ser o governador da cidade do Rei, com "R" maiúsculo. Neemias soube ser sal no palácio do rei persa para que, no momento o oportuno, pudesse ser luz para o povo de Israel ao liderar a reconstrução da cidade santa.

> Por isso o rei me perguntou: "Por que o seu rosto parece tão triste, se você não está doente? Essa tristeza só, pode ser do coração! " Com muito medo, eu disse ao rei: "Que o rei viva para sempre! Como não estaria triste o meu rosto, se a cidade em que estão sepultados os meus pais está em ruínas, e as suas portas foram destruídas pelo fogo? " O rei me disse: "O que você gostaria de pedir? " Então orei ao Deus dos céus, e respondi ao rei: "Se for do agrado do rei e se o seu servo puder contar com a benevolência do rei, que ele me deixe ir à cidade de Judá onde meus pais estão enterrados, para que eu possa reconstruí-la". Então o rei, com a rainha sentada ao seu lado, perguntou-me: "Quanto tempo levará a viagem? Quando você voltará? " Marquei um prazo com o rei, e ele concordou que eu fosse. (...) Com isso fui aos governadores do Trans-Eufrates e lhes entreguei as cartas do rei. O rei fez-me acompanhar uma escolta de oficiais do exército e de cavaleiros. (Neemias 2.2-6;9 – NVI)

Eu creio que, nestas últimas décadas, Deus tem levantado uma geração de cristãos que é movida por propósitos eternos como Neemias foi. Pessoas cheias de dons e espírito excelente que entendem que nasceram para viver e morrer por uma causa eterna. Pessoas que, assim como o apóstolo Paulo diz em sua carta aos Colossenses, mantêm seus pensamentos nas coisas do alto, e não nas coisas terrenas.

> Portanto, já que vocês ressuscitaram com Cristo, procurem as coisas que são do alto, onde Cristo está assentado à direita de Deus. Mantenham o pensamento nas coisas do alto, e não nas coisas terrenas. (Colossenses 3.1 – NVI)

Eu não quero incentivá-lo a abandonar o seu trabalho para trabalhar em prol da Igreja. Não é isso! Trabalhar para Igreja não é a única forma de expandir o Reino aqui na Terra. Neemias, Daniel e José são exemplos de homens de Deus que tinham tudo para largar seus ofícios por conta da injustiça e idolatria do ambiente em que estavam inseridos, porém eles escolheram permanecer onde estavam e buscar a vontade de Deus até serem exaltados por Ele e se tornarem governadores. Nenhum deles pediu para sair, foram promovidos para glorificar a Deus e expandir o Seu Reino em meio a outros povos e nações. Talvez você esteja fazendo o que faz apenas com a perspectiva terrena de alguém que vai morrer daqui a algumas décadas. "Ah, tenho que fazer dinheiro... tenho que ter o meu próprio negócio... tenho que investir... quero dar um bom estudo para os meus filhos...". Não há nada de errado com isso, mas a verdade é que Deus quer revelar a você que todas essas coisas passageiras lhe serão acrescentadas, ainda nesta vida, se você buscar o Reino em primeiro lugar. Será que estamos adorando um reino inabalável ou possessões abaláveis? Será que temos a nossa segurança em Deus ou em coisas passageiras? Será que Deus é a tua porção ou o mundo é a tua porção?

> Ora, esta frase "Ainda uma vez" indica a remoção de coisas que podem ser abaladas, isto é, as coisas criadas, para que permaneça o que não pode ser abalado. Portanto, já que estamos herdando um Reino inabalável, sejamos agradecidos e, desse modo, adoremos a Deus, com uma atitude aceitável, com toda a reverência e temor, porque o nosso "Deus é fogo consumidor!" (Hebreus 12.27-29 – King James Atualizada)

A presença de Deus é como fogo que purifica e aperfeiçoa tudo aquilo que é eterno, assim como o fogo do ourives purifica o ouro e a prata. Tudo aquilo que é abalável ou passageiro pode ser consumido pelo fogo e, por isso, não permanece na presença de Deus, porque o nosso Deus é como fogo consumidor.

Em Lucas 4, temos Jesus chamando Pedro e André para segui-lo e aprender a respeito do Reino. É nesse momento que o nosso Senhor revela que a Sua perspectiva para eles era uma perspectiva celestial, algo que tinha potencial para impactar a eternidade: "Vinde após mim, e eu vos farei pescadores de homens". Para Jesus, aqueles dois homens eram muito mais do que aquilo que eles faziam, eram muito mais do que simples pescadores. Para o nosso Senhor, aqueles homens tinham o potencial de resgatar vidas do mar do esquecimento. Muitas vezes, Deus vai ressignificar aquilo que você já faz para mostrar que tudo o que você precisa fazer para impactar a eternidade é confiar n'Ele e segui-lO com uma perspectiva celestial sobre o que está fazendo. A sua mente deve pensar nas coisas que são do alto, onde Cristo está assentado. Porque quando você abre mão daquilo que é passageiro, você se torna apto para carregar mais daquilo que é eterno e fazer parte de um reino que não tem fim.

OS EMBAIXADORES DO REINO

Depois que aceitamos Jesus como nosso Rei, entramos para a família real desse reino inabalável e a Palavra de Deus se torna a nossa constituição para exercer o poder do Reino com autoridade, tornando-nos aptos para sermos embaixadores do Céu. Não fomos salvos das nossas velhas vidas para sermos mais um número dentro do Reino de Deus. Fomos comissionados para mostrar ao mundo, assim como Jesus fazia, o que é e no que consiste o Reino dos Céus.

De sorte que somos embaixadores da parte de Cristo, como se Deus por nós rogasse. Rogamo-vos, pois, da parte de Cristo, que vos reconcilieis com Deus. Àquele que não conheceu pecado, o fez pecado por nós; para que nele fôssemos feitos justiça de Deus. (2 Coríntios 5.20-21)

Você não pode representar alguém ou algo que você não conhece. A sua autoridade vem pelo conhecer. É por isso que ser apenas um crente não basta para ser um embaixador do Reino. Você precisa ter um relacionamento progressivo com Aquele que lhe investe de autoridade para executar sua missão. Embora um embaixador viva em território estrangeiro, ele permanece em contato com o seu chefe de estado. Ainda que ele não tenha nenhum poder legislativo, judiciário ou executivo tal qual o Rei, o embaixador ocupa uma posição estratégica e privilegiada para abrir caminhos e influenciar outras nações por meio da diplomacia. Ele se apresenta constantemente e se põe às ordens. Em outras palavras, ele se submete à missão que vem de cima. O que me motiva a fazer meu devocional e passar tempo com o meu Rei não é um alívio na consciência. Na verdade, já somos salvos pela graça e, portanto, não devemos ficar debaixo de culpa. O maior motivador para passar tempo com o Rei e Sua palavra é para que cresçamos no entendimento e na revelação daquilo que temos de direito e daquilo que está ao nosso alcance como embaixadores. Quanto mais eu cresço nesse entendimento e intimidade com meu Rei, mais efetivo serei na execução do propósito. O meu motivador para fazer devocional e ter uma vida de disciplinas espirituais é chegar a uma forma espiritual onde serei efetivo no cumprimento da missão. Essa missão eu não cumprirei sozinho. Essa missão requer todos os filhos e filhas do Rei lutando por seu êxito, portanto é uma "co-missão". E, além de ser uma "co-missão", ela não é nada pequena. É uma comissão ambiciosa, a mais nobre de todas. Por isso nada mais justo do que chamá-la de a Grande Comissão!

Em 2011, durante uma das viagens da equipe *Dunamis* para ministrar em uma reunião de avivamento em Brasília, logo depois de pousarmos no Aeroporto Internacional Juscelino Kubitschek, decidimos parar na estrada Valparaíso para saborear uma comida típica brasiliense: um McDonald's. Lembro-me de que estávamos com altas expectativas para ministrarmos naquela conferência e vermos o poder do Reino de Deus tocar a vida de centenas de jovens. Enquanto comíamos e conversamos, um de nossos amigos reparou uma família entrando pela porta principal do McDonald's. Era um casal acompanhando sua filha adolescente, que estava com o joelho completamente engessado. Naquele momento, o Espírito Santo falou conosco através de uma indignação santa com relação à condição daquela jovem. Todo mundo na mesa em que estávamos começou a se olhar e, sem dizer nada, já começamos a imaginar o que todos estávamos pensando. De alguma forma, sabíamos que o Espírito Santo estava nos incomodando para conversarmos com aquela família e orar pelo joelho da adolescente. Não precisávamos esperar até a conferência para ver o poder do Reino de Deus se manifestar naquela cidade, pois carregamos em nós tudo que precisamos: O Espírito Santo de Deus e a autoridade de cidadãos do Céu. Eu e meus amigos saímos de nossos lugares e, de forma muito educada, abordamos aquela família para conhecê-los e saber o que havia acontecido com aquela jovem. Ela nos contou que seu nome é Vitória e que já estava há dias sem poder andar direito porque a patela do seu joelho havia saído do lugar enquanto descia os degraus de um ônibus. A dor foi muito forte e, por isso, foi necessário ir ao médico imobilizar a perna com o gesso. Depois de ouvir a história da Vitória, pedimos permissão para orar por ela e perguntamos se eles tinham fé de que Jesus era real e que poderia curá-la ali mesmo no Mcdonald's. Os três disseram que sim. E, então, começamos a orar. Enquanto orávamos impondo as mãos sobre o joelho da Vitória, tanto ela como nós podíamos ver e sentir a patela do joelho voltando ao lugar de forma sobrenatural. Cheios de convicção de que Deus a havia curado, perguntamos se podíamos retirar o gesso. Ela e os pais concordaram. Após retirarmos o gesso, começamos a celebrar euforicamente, porque a Vitória não estava apenas curada como também estava andando normalmente sem dor alguma. Tudo isso aconteceu para glorificar o nosso Deus e revelar que o Reino é chegado e está entre nós. Aleluia!

Aquele passo de fé desencadeou um pequeno avivamento dentro Mcdonald's. Aquele milagre fez com que várias pessoas se achegassem para receber oração da nossa equipe. Naquele dia, 12 funcionários do Mcdonald's aceitaram o Senhor Jesus em seu coração e cinco pessoas foram curadas fisicamente, depois de 2 horas de ministrações. O Reino de Deus pode invadir qualquer lugar que um cidadão do Reino estiver. Nós levamos a realidade dos Céus onde quer que venhamos a pisar. As leis e os princípios sobrenaturais do

Reino imperam sobre a realidade natural deste mundo porque somos embaixadores do Céus. E onde o embaixador vai ele leva a lei do seu governo.

O embaixador representa um reino, ele constrói pontes entre nações diferentes e ele manifesta a vontade de um chefe de estado. De Gênesis a Apocalipse, a Bíblia nos instrui sobre o nosso mandato como embaixadores do Reino dos Céus aqui na Terra. Nós precisamos da revelação dessa identidade, porque você não pode ser um bom embaixador se esquecer quem você é.

Quando você vai trabalhar ou está indo ao mercado, você está levando o Reino de Deus com você. Você está participando de uma reunião, a presença do Rei está com você. Você está indo visitar uma família, você está conectando pontes entre o Reino celestial e a Terra. O embaixador constantemente está em uma missão, representando um governo em expansão. Sabe o que um embaixador do Reino faz quando entra em determinado lugar e vê um enfermo? Ele não pega o celular e liga para o crente mais ungido que ele conhece, ou transfere a responsabilidade do seu chamado para que um pastor venha e ore em seu lugar.

Um embaixador tem sua mente renovada pela revelação de que o Rei já lhe deu todas as chaves do Reino para acessar o poder do Espírito Santo! Nós carregamos as chaves do Reino de Deus que foram entregues a Pedro quando Jesus disse que sobre ele seria estabelecia a *ekklesia* do Reino de Deus!

Somos embaixadores de Cristo. Representamos um Reino inabalável e estamos em uma missão que custará as nossas vidas. O Reino de Deus e a Igreja não estão se defendendo. Ainda que haja perseguições, nós nunca paramos de avançar. As portas do inferno nunca prevalecerão contra a Igreja. Nós estamos atacando. Nós somos enviados por um Rei todo poderoso para estabelecer o seu governo de paz, justiça e alegria por toda a Terra. Você é um cidadão e um embaixador do Reino.

CAPÍTULO 3

OS PILARES DO REINO

A busca por poder e o desejo de pertencimento sempre foram algumas das maiores motivações do coração humano. O anseio em poder fazer a diferença, de marcar a história e fazer parte de algo maior do que nós mesmos ecoa de dentro do nosso ser desde os dias de Adão e Eva. Fomos criados para sermos embaixadores do Céu na Terra. Esse anseio está em nosso DNA! É um desejo por sujeitar e dominar a Terra incutido desde a nossa criação pelo próprio Criador.

> E Deus os abençoou e Deus lhes disse: Frutificai, e multiplicai-
> -vos, e enchei a terra, e sujeitai-a; e dominai sobre os peixes do mar, e
> sobre as aves dos céus, e sobre todo o animal que se move sobre a terra.
> (Gênesis 1.28)

Fomos apresentados, desde o início, ao nosso *job description* (descrição de função) pelo nosso Rei e Criador. Muitos teólogos e estudiosos da Bíblia se referem a Gênesis 1.28

como Mandato Cultural. Nancy Pearcey, em seu livro, *Verdade Absoluta*, diz que: "A primeira frase, 'frutificai, e multiplicai--vos', significa desenvolver o mundo social: construir famílias, igrejas, escolas, cidades, governos e leis. A segunda frase, 'sujeitai a terra' significa arrear o mundo natural: plantar lavouras, construir pontes, desenhar computadores, e compor música. Essa passagem é muitas vezes chamada de Mandato Cultural porque nos mostra que nosso propósito original era de criar culturas, construir civilizações e nada menos do que isso".

Adão e Eva receberam um mandato de, primeiramente, desenvolver um mundo social para depois subjugá-lo e, finalmente, continuar o desenvolvimento desse mundo que o Pai criou. Esse mandato não apenas se estendia a eles, mas também a todos nós, seus descendentes. É por isso que, desde a queda do Éden, o Homem tem vagado pela Terra à procura de uma pátria para se estabelecer e expandir o seu território. Somos programados para conquistar e transformar tudo que cerca a nossa imagem. Essa busca é um impulso interno tão latente na raça humana que, naturalmente, faz com que pessoas se reúnam para cumprir com um propósito em comum. Começando com a formação de famílias, que se organizam em comunidades, e depois se desenvolvem em cidades, países, até que, finalmente, formam nações. Elas se reconhecem como compatriotas e cidadãos, contribuindo para o desenvolvimento social, econômico e político dessa nação.

Infelizmente a queda do homem fez com que o pecado entrasse e estragasse tudo, e como consequência o Homem passa a abusar da sua posição de mordomo. Creio que não é segredo a ninguém que não temos exercido boa mordomia da Criação. Porém a graça de Cristo nos proporciona o milagre de nos tornarmos uma nova criatura.

> Assim que, se alguém está em Cristo, nova criatura é: as coisas velhas já passaram; eis que tudo se fez novo. (2 Coríntios 5.17).

Uma vez que somos nova criatura, passamos a olhar a nossa posição original de mordomia sobre o mundo com olhos celestiais. Esses olhos celestiais, ou nossa nova visão, nos faz entender de maneira mais profunda e espiritual a nós mesmos e o Reino inabalável do qual fazemos parte e representamos aqui na Terra. Para que sejamos fiéis e eficazes no cumprimento do Mandato Cultural, precisamos entender como funciona tal sistema de governo. Afinal, o que legitima ou engloba um reino?

Todos os reinos – sejam eles terrenos ou celestiais – compartilham de características específicas que são necessárias para legitimar o governo de um rei. A seguir, discorreremos sobre cada uma delas, sendo o primeiro o mais óbvio de todos.

O REI

Todos os reinos têm um rei. Por mais que isso seja óbvio, é extremamente essencial. Os reis são estabelecidos por direito de nascença. Eles não são nomeados ou eleitos. Em nossa cultura moderna temos a tendência de olhar até uma monarquia pelas lentes da democracia ocidental. Às vezes, temos a ideia de que podemos exercer o nosso voto a favor ou contra uma decisão de um rei, porém as coisas não funcionam dessa forma em um reino. Um rei não é um presidente ou um primeiro-ministro. Não se vota em um rei para colocá-lo no poder. Portanto, como ele não foi votado e posto ali pelo povo, não pode ser destituído, independentemente da opinião do povo. Tal poder totalitário é imediatamente visto com maus olhos em nossas sociedades. Mas Deus não muda e não se adequa à nossa era e às tendências atuais. Em suma, o rei não é o representante político de uma nação, ele é a representação da sua própria essência! A premissa dessa verdade é o simples fato de que a origem de qualquer reino está no sangue do rei. O sangue do Rei é o que legitima a sua autoridade e direitos como primogênito da nação. Um rei nunca terá de trabalhar ou provar algo para herdar o trono. Sua herança está baseada em seu nascimento e em seu sangue. O Reino de Deus é governado pelo Reis dos reis. O nosso Rei é reconhecido como o Rei dos reis justamente por ser o primeiro dos reis.

O livro do profeta Daniel, além de nos contar a história heroica de um jovem hebreu que foi levado como escravo à Babilônia e prosperou até os níveis mais altos de influência, também é um relato profético quanto aos finais dos tempos. Nesse relato, o contexto de monarquia está perceptível na narrativa. Daniel serve fielmente a um rei maligno, Nabucodonosor, porém consegue ser sal da terra e luz em meio à escuridão da Babilônia.

> Eu continuei olhando, até que foram postos uns tronos, e um ancião de dias se assentou; a sua veste era branca como a neve, e o cabelo da sua cabeça, como a limpa lã; o seu trono, chamas de fogo, e as rodas dele, fogo ardente. (Daniel 7.9)

Nesta passagem do livro, o profeta Daniel acaba de ter uma visão profética a respeito de quatro impérios terrenos – Babilônia, Medo-Pérsia, Grécia e Roma – representados pela imagem de quatro bestas. Esses impérios terão sua ascensão e queda antes da vinda de Cristo. Vamos analisar com mais detalhes o significado de cada uma delas, de acordo com *The Expositor's Bible Commentary*[1]. A primeira besta que Daniel enxerga em sua visão é O leão com asas de águia. Essa besta representa a Babilônia. Na visão, esse leão tem suas asas arrancadas, é levantado como um homem e recebe o coração de um homem. Esse homem representa o rei Nabucodonosor, o mesmo homem a qual Daniel dedica o relato em seus primeiros quatro capítulos do livro de Daniel. O leão é o símbolo da Babilônia, especialmente na era de Nabucodonosor, que construiu leões com asas para adornar a entrada da Porta de *Ishtar*, hoje exposto em um Museu em Berlim. O fato de suas asas serem arrancadas simboliza o momento em que o rei Nabucodonosor perde a cabeça e se torna insano e passa a agir como um animal do campo. Deus permite a insanidade do rei para tratar sua arrogância e o ensina "que o Altíssimo tem domínio sobre os reinos dos homens; e os dá a quem quer e até

---

1 - The Expositor's Bible Commentary, v. 7, 1985, p. 85-86.

ao mais baixo dos homens constitui sobre eles" (Daniel 4.17). Daniel relata, no final do mesmo capítulo (Daniel 4.34-37), que Nabucodonosor cai em si, glorifica a Deus e reconhece sua inferioridade ao Altíssimo. O império da Babilônia permanece em sua hegemonia até chegarem os medos-persas.

O segundo animal, o urso, representa o império medo-persa. Na visão, esse urso se levanta de um lado com três costelas entre os seus dentes e uma voz lhe diz: "Levanta-te e devore muita carne!".

> Continuei olhando, e eis aqui o segundo animal, semelhante a um urso, o qual se levantou de um lado, tendo na boca três costelas entre os seus dentes; e foi-lhe dito assim: Levanta-te, devora muita carne. (Daniel 7.5)

O detalhe de o império ter se levantado "de um lado" aponta para o fato desse novo império ter surgido do lado da Babilônia e conquistado os babilônicos. As três costelas em sua boca representam os três impérios que os próprios medo-persas conquistaram. Debaixo da liderança do Rei Ciro, o Grande, o Império Medo-Persa conquistou a Lídia (546 a. C) e depois a Babilônia (539 a. C). Quando seu filho, Cambises II, herdou o trono, deu sequência à expansão do reino de seu pai e finalizou o cumprimento desse sonho profético conquistando o Egito (525 a. C). No total, esse império esteve em supremacia por 200 anos e teve seu território estendido tanto pela Ásia como África e até a Europa.

O leopardo com quatro asas e quatro cabeças representa o império da Grécia debaixo do reinado de Alexandre, o Grande.

> Depois disso, eu continuei olhando, e eis aqui outro, semelhante a um leopardo, e tinha quatro asas de ave nas suas costas; tinha também esse animal quatro cabeças, e foi-lhe dado domínio. (Daniel 7.6)

O leopardo, com suas quatro asas, remete à velocidade da ascensão de Alexandre, o Grande, à rapidez com que ele conquistou territórios e dominou tudo aquilo que antes era do Império Persa. Depois de sua morte, causada por uma febre tifoide aos tenros 32 anos, toda a sua conquista foi dividida entre quatro impérios. Esses quatro impérios se tornaram Grécia e Macedônia, Trácia e Ásia Menor, Síria e Oriente Médio, Egito e Palestina. Os últimos dois foram governados por Selêuco e Ptolomeu, respectivamente. A esses últimos dois reinados, Daniel se refere aos seus reis como Rei do norte e Rei do Sul em Daniel 11.

Finalmente, o quarto animal que tinha dentes grandes de ferro representa Roma.

> Depois disso, eu continuava olhando nas visões da noite, e eis aqui o quarto animal, terrível e espantoso e muito forte, o qual tinha dentes grandes de ferro; ele devorava, e fazia em pedaços, e pisava aos pés o que sobejava; era diferente de todos os animais que apareceram antes dele e tinha dez pontas. (Daniel 7.7)

Os dentes grandes de ferro e os pés que despedaçavam eram o que o próprio rei Nabucodonosor viu em seu sonho e que Daniel interpretou:

> E o quarto reino será forte como ferro; pois, como o ferro esmiúça e quebra tudo, como o ferro quebra todas as coisas, ele esmiuçará e quebrantará. E, quanto ao que viste dos pés e dos artelhos, em parte de barro de oleiro e em parte de ferro, isso será um reino dividido; contudo, haverá nele alguma coisa da firmeza do ferro, pois que viste o ferro misturado com barro de lodo. (Daniel 2.40-41)

Quando o Império Romano surgiu, vindo ao poder sob a liderança dos seus Césares, Roma destroçou seus inimigos. Roma foi extremamente contundente em suas conquistas a ponto de quebrar e devorar seus oponentes e se estabelecer com muito vigor.

Na visão, fica claro que o profeta Daniel via os impérios sendo abalados pelo Reino de Deus, representado pela figura de um rei descrito como "Ancião de Dias". "Ancião de Dias" é um termo bíblico usado para se referir ao primeiro de todos os reis: o Deus de Israel. Antes mesmo de qualquer reino humano ter sido sonhado, qualquer pessoa ter sido coroada ou qualquer trono ter sido estabelecido, Deus já governava soberanamente sobre todas as coisas visíveis e invisíveis. Ele é o Rei original.

A visão profética de Daniel no capítulo 7 termina com a consumação do Reino de Deus. A conclusão é justamente o que todos nós, filhos e filhas do Rei, anelamos:

> E o reino, e o domínio, e a majestade dos reinos debaixo de todo
> o céu serão dados ao povo dos santos do Altíssimo; o seu reino será um reino
> eterno, e todos os domínios o servirão e lhe obedecerão. (Daniel 7.27)

Essa profecia revela que, eventualmente, veremos o nosso Rei, o Altíssimo, estabelecer de maneira plena o Seu Reino aqui na Terra, para que nós reis (com "r" minúsculo) venhamos reinar junto com o Rei dos reis. É através do sacrifício de propiciação de Jesus que Ele nos faz Seus filhos, transforma a nossa natureza de escravos para realeza, para, então, sermos reis e sacerdotes do Seu Reino sobre toda a Terra.

> Àquele que nos amou, e em seu sangue nos lavou dos nossos
> pecados, e nos fez reis e sacerdotes para Deus e seu Pai; a ele glória e
> poder para todo o sempre. (Apocalipse 1.5-6)

O Reino de Deus é o único reino em que todo o povo faz parte da realeza. Em Cristo, nós nascemos sendo filhos e cidadãos legais ao mesmo tempo. Nós nos tornamos um com o Reino. E compartilhamos do poder do governo de Deus porque fazemos parte da Sua família e do Seu povo.

> O mesmo Espírito testifica com o nosso espírito que
> somos filhos de Deus. E, se nós somos filhos, somos, logo, herdeiros
> também, herdeiros de Deus e coerdeiros de Cristo; se é certo que
> com ele padecemos, para que também com ele sejamos glorificados.
> (Romanos 8.16-17)

O POVO

Além de todo reino ter um rei, todo rei carece de um povo. O rei precisa de um povo para governar e liderar. Todos os reinos consistem na aliança de pessoas que se identificam com um soberano e se colocam debaixo de seu domínio. Essas pessoas que se submetem ao governo do rei também podem ser chamadas de cidadãos. No Reino de Deus, os cidadãos do Reino também compõem a Igreja de Jesus Cristo.

> Pois também eu te digo que tu és Pedro, e sobre esta pedra edificarei a minha igreja, e as portas do inferno não prevalecerão contra ela. (Mateus 16.18)

Em um reino, o rei tem autonomia e poder para escolher seus próprios cidadãos, seja com o intuito de expandir seu domínio seja para proteger a cultura da sua nação. O rei tem a autoridade para dar cidadania e remover a cidadania de reino como ele bem quiser. A cidadania de um reino é o bem mais valioso de um povo, pois ela confere identidade, certas responsabilidades, privilégios e direitos. Em nome de sua reputação e honra, o rei precisa prover o suprimento das necessidades dos seus cidadãos, que, por sua vez, dedicam suas vidas para cumprir com os desejos do rei. Este é um princípio que se aplica tanto ao reino terreno quanto ao celestial:

> Portanto eu lhes digo: não se preocupem com suas próprias vidas, quanto ao que comer ou beber; nem com seus próprios corpos, quanto ao

que vestir. Não é a vida mais importante do que a comida, e o corpo mais importante do que a roupa? Observem as aves do céu: não semeiam nem colhem nem armazenam em celeiros; contudo, o Pai celestial as alimenta. Não têm vocês muito mais valor do que elas? Quem de vocês, por mais que se preocupe, pode acrescentar uma hora que seja à sua vida? Por que vocês se preocupam com roupas? Vejam como crescem os lírios do campo. Eles não trabalham nem tecem. Contudo, eu lhes digo que nem Salomão, em todo o seu esplendor, vestiu-se como um deles. Se Deus veste assim a erva do campo, que hoje existe e amanhã é lançada ao fogo, não vestirá muito mais a vocês, homens de pequena fé? Portanto, não se preocupem, dizendo: "Que vamos comer?" ou "que vamos beber?" ou "que vamos vestir?" Pois os pagãos é que correm atrás dessas coisas; mas o Pai celestial sabe que vocês precisam delas. Busquem, pois, em primeiro lugar o Reino de Deus e a sua justiça, e todas essas coisas lhes serão acrescentadas. (Mateus 6.25-33 – NVI)

Nós temos o grande privilégio de sermos filhos e cidadãos do Reino de Deus. Seja como Pai ou como Rei, Deus tem sempre o prazer de suprir todas as nossas necessidades para que possamos expandir o Seu Reino, descansados na verdade de que Ele é sempre fiel e sempre cumpre a Sua Palavra. Quando entendemos que somos cidadãos porque recebemos a graça de Cristo e, assim, fomos adotados na Sua família, fica bem claro que a cidadania não é um direito, mas, sim, um privilégio que consequentemente nos concede direitos. Portanto, é natural entender que a melhor maneira de obter os benefícios e os direitos de um reino é nos tornando cidadãos.

Observando o comportamento da sociedade ao longo dos anos, temos visto muitas pessoas falsificando suas identidades ou se casando com desconhecidos com o intuito de adquirir uma nova cidadania que lhes garanta acesso aos privilégios e qualidade de vida que já não têm em sua terra de origem. A cidadania de uma nação próspera e saudável é tão almejada, que os governos dessas nações têm sido criteriosos e extremamente zelosos na sua concessão a outros povos. Toda vez que um grande grupo de estrangeiros sai de sua pátria original e migra para outro país, há uma enorme possibilidade de que a nação anfitriã seja radicalmente transformada social, cultural e religiosamente a longo prazo. Por isso, há tantas conversas e opiniões acerca da política de imigração. Hoje muitos países da Europa Ocidental e da América do Norte enfrentam graves crises diplomáticas por conta do grande fluxo de imigrantes e refugiados que procuram asilo em suas nações e encontram muros, em vez de pontes.

Uma vez adotados pela família Real e inseridos nesse novo Reino, temos a missão de exercer mordomia responsável e usar dos nossos privilégios para revelar a natureza do Rei ao mundo. É da vontade de Deus que todos os povos sejam salvos e igualmente inseridos na Pátria Celestial. Esta é uma missão honrosa que cabe a nós, os novos cidadãos do Reino, executá-la.

> Porque isto é bom e agradável diante de Deus, nosso Salvador, que quer que todos os homens se salvem e venham ao conhecimento da verdade. Porque há um só Deus e um só mediador entre Deus e os homens, Jesus Cristo. (1 Timóteo 2.3-5)

O nosso Rei está disposto a aceitar todas as pessoas em Seu Reino, independentemente de onde vieram ou como estejam. O mediador do Reino, Jesus Cristo, sempre encorajava as pessoas a virem a Ele do jeito que estavam, com seus defeitos, traumas e limitações. Ele sempre esteve e estará de portas abertas para receber a todos que querem experimentar ou ter parte no Reino. Isso se dá, porque Ele sabe que quem vier jamais será a mesmo, uma vez que conheceu o Reino. O Reino de Deus tem poder transformador e o Seu Rei não é intimidado por diferentes crenças e culturas. O Seu Reino é inabalável, eterno e sobrenatural, e está acima de qualquer cultura passageira e natural. A verdade absoluta que rege esse Reino constrange, confronta e transforma, não pela imposição ou força do braço, mas pelo agir do Espírito Santo.

> Não por força, nem por violência, mas pelo meu Espírito, diz o Senhor dos Exércitos. (Zacarias 4.6)

A verdade absoluta que estabelece o fluir do Reino é justamente as palavras e a vontade do Rei. Suas ideias e princípios relatados nas Sagradas Escrituras compõem a nossa Constituição Real.

A CONSTITUIÇÃO

Todos os reinos e países são erguidos sob uma constituição, um código de ética, um conjunto de leis que rege, enumera e limita os poderes e funções de seu governo. Qualquer país possui leis, e o Reino de Deus não é uma exceção, ele possui suas próprias leis e código de ética e conduta. A Bíblia está repleta de leis e princípios que regem o Reino, são verdades que nos esclarecem quanto à nossa conduta, responsabilidades e até direitos. A Palavra de Deus não é um livro religioso, mas um documento legal do Reino que registra a vontade do Rei e os seus intentos. Na Bíblia, o Rei deixa claro como tudo funciona e como Ele quer que tudo funcione. É importante perceber que, ao mesmo tempo que a Bíblia é uma constituição, ela também é um testamento. Um testamento para todos os filhos que, debaixo da graça, receberam o espírito de adoção e legalmente podem se referir ao Rei como Pai. Nela estão registradas as ideias e promessas do Rei sobre o Seu próprio Reino e o que Ele deseja para os seus filhos e cidadãos.

> Porque não recebestes o espírito de escravidão, para, outra vez, estardes em temor, mas recebestes o espírito de adoção de filhos, pelo qual clamamos: Aba, Pai. (Romanos 8.15)

Se você analisar as Sagradas Escrituras, perceberá que todas as terminologias da Palavra de Deus são a respeito de um governo. A Bíblia sempre foi um livro sobre a história de um Rei, uma família Real e Seus filhos vivendo em um Reino. É verdade que este Reino é espiritual e sobrenatural. Ao recebermos o Reino, recebemos também o sobrenatural.

Eu amo o sobrenatural e o fluir dos dons do Espírito Santo. Não creio que podemos efetivamente implementar o Reino sem eles. Porém, é importante discernir a razão do poder miraculoso, das manifestações sobrenaturais e do fluir profético e o propósito deles. Para que o Reino seja instalado efetivamente nesta Terra, é importantíssimo não considerarmos as manifestações sobrenaturais como um fim, mas como um meio. Muitos ficam tão maravilhados com o sobrenatural, que não o vivem com naturalidade, ou como cultura do cotidiano real. Tratam o sobrenatural como um evento e um espetáculo e, assim, não percebem que minam a plena efetividade do poder miraculoso do Reino. Não percebem que o sobrenatural são ferramentas, são um meio para estabelecer o Reino, e não um fim em si. Olhar o sobrenatural como um fim faz com que os cidadãos do Reino se prendam a reuniões de avivamento dentro de seus templos e não valorizem a implementação do Reino na sociedade.

Além do fluir dos dons e das manifestações sobrenaturais, temos de entender que o que nos dá autoridade para implementar o Reino de Deus onde estamos inseridos é o conhecimento e a aplicação da palavra de Deus. A Bíblia nos ensina em Oséias 4.6 que o povo de Deus perece por falta de conhecimento. Uma nação inteira pode ter encontros com a presença manifesta de Deus, experimentar grandes ondas de conversões, testemunhar sinais, milagres e maravilhas e ainda, assim, perecer por não ter conhecimento da vontade de Deus e dos princípios do seu Reino. A manifestação do Reino não pode ser exclusiva à esfera da Igreja. Temos de expandir a Sua ação e vê-la também na família, na educação, na comunicação, na economia, na política, no entretenimento...

Nosso desejo como filhos do Rei é implantar o Reino de Deus nas nações, mas a pergunta que devemos nos fazer é: Eu sei o que Deus pensa sobre a família? Eu sei o que Deus pensa sobre o casamento? Eu sei o que Deus pensa sobre o governo? Eu sei o que Deus pensa sobre o dinheiro? A nossa opinião não tem valor nenhum se o que falamos não estiver amparado na Palavra, a nossa Constituição. Caso contrário, nós simplesmente nos tornamos uma massa evangélica, que frequenta a igreja aos domingos para ouvir a palavra de um pregador e depois passa o resto da semana sobrevivendo, sem entender que nasceu para fazer parte de um reino inabalável e eterno.

Como mencionei anteriormente, a Bíblia não é apenas a Constituição do Reino, ela é o Testamento de Deus que nos revela a nossa herança. Diferente de outras nações, o Reino de Deus é o único reino em que os cidadãos ganham acesso a tudo que está nele. A influência, os tesouros e os níveis de acesso são um bem comum. Todos podem tomar posse de tudo que precisarem, sempre que precisam, pois as chaves do Reino já estão em nossas mãos.

AS CHAVES

> Pois também eu te digo que tu és Pedro, e sobre esta pedra
> edificarei a minha igreja, e as portas do inferno não prevalecerão contra

ela; E eu te darei as chaves do reino dos céus; e tudo o que ligares na terra será ligado nos céus, e tudo o que desligares na terra será desligado nos céus. (Mateus 16.18-19)

A quarta característica de um reino legítimo é a influência e os níveis de acesso que tal reino possui e dispõe aos seus cidadãos. Quando Jesus nos entrega as "chaves do Reino", Ele está nos entregando influência, acesso e favor do Reino. As chaves são revelações que destravam novos níveis e novas dimensões nesse Reino espiritual. As chaves do Reino são instrumentos dados por Cristo para nos dar acesso a dimensões e territórios espirituais no Reino e manifestar a influência da nossa cidadania celestial. O nível de influência ou acesso que temos está diretamente relacionado ao nível de conhecimento (*logos*) e revelação (*rhema*) que temos da Constituição. Quando você se alinha debaixo da Constituição do Reino e usa as chaves, você passa a viver uma vida em que a realidade do Céu está constantemente invadindo a Terra. Você passa a atuar debaixo de uma autoridade e poder que são inabaláveis.

Perceba que Jesus nos dá as "chaves do Reino". Ele nunca nos deu as "chaves para o Reino". Ele não nos providenciou chaves para entrar no Reino, pois entramos pela porta, que é Jesus.

Eu sou a porta; se alguém entrar por mim, salvar-se-á, e entrará, e sairá, e achará pastagens. (João 10.9)

Uma vez que entramos no Reino através d'Ele, Ele nos inclui em sua Igreja e só, então, nos dá as "chaves do Reino".

Essas chaves, o cidadão só recebe quando se torna filho do Rei. O próprio Jesus, depois de ter nos explicado que é a porta de acesso ao Reino, nos fala no versículo seguinte:

> O ladrão não vem senão a roubar, a matar e a destruir; eu vim para que tenham vida e a tenham com abundância. (João 10.10)

Ao passar pela porta que é Jesus, você recebe a vida. Só tem a vida eterna aquele que obteve o novo nascimento e foi incluído na herança e testamento do Reino. Porém, a pergunta lógica seria: Se eu já tenho vida, uma vez que entrei pela Porta do Reino, porque precisaria dessas chaves? A verdade é que eu não quero só viver salvo. Quero viver salvo e cumprindo o meu chamado. Não quero simplesmente sair do "meu Egito", da minha vida antiga. Eu quero me assegurar de que entrarei na Terra Prometida.

As chaves são justamente para isso: para você ficar não apenas no âmbito da vida, mas para ter a vida abundante. Tudo o que você precisa, você encontrará à disposição logo que entrar no Reino. Porém, tudo o que você desejar no Reino, você terá de se esforçar usando as chaves do Reino, que já te foram entregues, para abrir e fechar. Essas chaves dão acesso a novos níveis de saúde e plenitude. Muitos estão salvos, prontos para usufruírem da vida eterna, mas estão na Terra vivendo em fracasso e escassez. A abundância de vida não está reservada apenas para o Céu. Na verdade, quando você chegar ao Céu, você não terá de abrir ou fechar nada.

Você terá tudo em plenitude. Se há um momento em que você precisa se preocupar na efetividade do chamado e na abundância da vida com Cristo é agora, neste lado do Céu.

As chaves do Reino são revelações que nos dão acesso a novos níveis de saúde e plenitude para cumprir com efetividade a nossa missão. Essas chaves destravam a saúde dos relacionamentos, a saúde emocional, a saúde espiritual, a saúde física e até a saúde financeira. Essas chaves nos dão acesso a uma vida vitoriosa em Cristo. Sem esse entendimento, podemos ser reis e sacerdotes, mas operar na mentalidade de órfão e mendigos. Tenho pavor de pensar que um dia chegarei ao Céu e posso descobrir que o Pai tinha tantas bênçãos e provisões para mim aqui na Terra, mas enquanto eu estava aqui só me contentei em ser salvo e nunca usufrui das chaves do Reino para destravar a abundância que Ele reservou para mim.

Depois de ter voltado ao Brasil em 2008, após um período de quase 10 anos fora, comecei a experimentar algo que eu nunca tinha imaginado. Surgiram em minha mente algumas dúvidas e medos provindos da minha infância e adolescência. Esses ataques vinham através de mentiras na minha mente que me diziam que eu não era bom o suficiente para ser usado por Deus, ou seja, me atacavam em relação à minha identidade. O meu passado voltava constantemente e me questionava: "Será que eu havia sido perdoado por Deus? E mesmo perdoado, eu não teria de arcar com algumas consequências do meu pecado? Será que eu nunca iria cumprir o máximo que Deus tinha para mim no meu chamado?". Nessa época, eu voltei para o Brasil deixando uma vida ministerial nos Estados Unidos para iniciar algo do zero aqui, desbravar aquilo que se tornaria o *Dunamis Movement*. No primeiro ano de volta ao Brasil, o *Dunamis* era somente um sonho que eu carregava no meu coração e que eu havia compartilhado apenas com alguns amigos próximos. Comecei a pensar, então, que era melhor nem tentar colocar esse sonho em prática e que, provavelmente, nem deveria envolver outras pessoas nesse sonho, já que havia tantas coisas erradas dentro de mim. Eu já sabia que havia sido perdoado, mas algo me falava que eu ainda iria receber a punição dos meus erros, ou que, talvez, não viveria a plenitude do meu chamado. Eu imaginava que as pessoas que estariam comigo também receberiam essas punições como consequência. Foi quando Deus me levou a um processo de três meses em que eu comecei a experimentar, no meu quarto, diversos momentos de cura interior, sozinho. Enquanto eu adorava a Deus, a presença d'Ele invadia o meu quarto e eu sentia o Seu abraço. Ele reafirmava os meus sonhos e falava para mim que o *Dunamis* não era uma ideia minha, mas d'Ele, e que eu não tinha de me preocupar, pois Ele supriria tudo. A única coisa que eu deveria fazer era me colocar à Sua disposição. Então, comecei a perceber que o problema não era o ataque espiritual ou a falta de unção, mas, sim, uma mente que carecia de renovação (*metanoia*). Eu precisava entender que eu era filho do Rei, e esse conhecimento teria de se tornar uma revelação.

Nesses três meses, o Pai me encontrou e reafirmou a minha filiação e realeza. Compreendi que eu deveria guerrear com autoridade e usar as chaves que Ele já havia me dado. Se não fosse assim, eu passaria por uma intervenção sobrenatural que me tiraria do emaranhado daquelas mentiras. Foi, então, que resolvi comprar um bloco de *post-it* e começar a examinar a Bíblia, buscando aquilo que Deus falava que eu era. Escrevi em mais de 40 notas e espalhei por todos os lados versículos que falavam: "Eu sou luz do mundo!", "Eu sou sal da terra!", "Eu sou perdoado!", Eu sou uma nova criatura!", "Eu sou um filho adotado!", "Eu sou herdeiro do Reino e coerdeiro com Cristo!", "Eu sou realeza!". Com a apropriação dessas chaves, minha mente começou a mudar e, a partir disso, houve um destravar na minha vida e no *Dunamis*. Passei a andar em ousadia por saber da autoridade que eu carregava. Esses *post-its*, colados dentro do micro-ondas, no espelho do banheiro, na maçaneta da porta e no painel do carro, diziam que eu era como a realeza e carregava a autoridade de um rei. Isso foi transformador.

Depois desta experiência, eu passei a andar na revelação da minha autoridade, então muitos jovens foram atraídos por essa liberdade e ousadia que eu andava. Assim que esses jovens se aproximavam, interessados em descobrir qual era o segredo de andar nessa liberdade, eu compartilhava esse entendimento para eles, ajudando-os a entenderem que eles também já carregavam essas chaves. Com elas, nós ligávamos coisas nos Céus para se manifestarem na Terra. Começamos a praticar isso antes de todo culto *Dunamis*, às 6h da manhã, quando a equipe se reunia para orar. Fazíamos somente declarações no espírito ligando o mover sobrenatural, nem mais pedíamos a Deus. Existem momentos que podemos começar a orar fazendo petições a Deus, mas quando sentimos uma inclinação no Espírito Santo, tomamos posse das chaves e destravamos as curas, as conversões, as reconciliações, as libertações e os encontros sobrenaturais. E, então, durante à noite daquele mesmo dia, no culto, nós víamos todos sendo impactados pela manifestação daquilo que havíamos ligado às 6h da manhã.

O TERRITÓRIO

E, finalmente, um reino necessita de território. O que legitima um rei não é uma coroa sobre a sua cabeça, mas um território sob o seu domínio. A coroa é a representação dessa autoridade que rege sobre um território. Um rei precisa de um território para ocupar, impor seus princípios e ideais e delimitar a extensão da sua influência. Nosso Rei Jesus sabia disso e, por isso, nos encoraja a ocupar o território que Ele conquistou por nós e para nós.

> Não rogo que os tires do mundo, mas que os protejas do Maligno. Eles não são do mundo, como eu também não sou. Santifica--os na verdade; a tua palavra é a verdade. Assim como me enviaste ao mundo, eu os enviei ao mundo. (João 17.15-18)

Jesus está dizendo: "Permaneça e faça a diferença! ". A mentalidade de fugir do mundo é a mentalidade de fracos.

A mentalidade de se isolar do mundo dentro de uma bolha evangélica é uma mentalidade de um sobrevivente, alguém que foi salvo, mas que ainda não tem a revelação de que faz parte de um Reino que é mais influente que o mundo. Pessoas que não têm sua identidade consolidada em Cristo vão reagir com medo da escuridão. Se a identidade de filho de Deus for bem firmada em nossos corações e mentes, saberemos que somos os influenciadores, e não os influenciáveis.

Quando o povo de Deus estava debaixo da Lei, o Espírito Santo estava à disposição para os sacerdotes, profetas e reis. Porém, uma vez que entramos para a época da Graça, o Espírito Santo está à disposição de todo crente que se tornou filho de Deus e cidadão do Reino. Sendo assim, Jesus vem inaugurar uma maneira nova de se viver. Antes de Jesus, a Lei de Moisés ensinava a zelar pela pureza se distanciando de tudo que era impuro. Desde práticas pecaminosas, como casamentos com outros povos e até contato com enfermidades e doenças. Uma vez que estamos em Cristo e recebemos o Espírito Santo morando em nós, não tememos mais ser contaminados pela impureza externa. O próprio Jesus nos ordena:

> Indo, pregai, dizendo: É chegado o Reino dos céus. Curai os enfermos, limpai os leprosos, ressuscitai os mortos, expulsai os demônios; de graça recebestes, de graça dai. (Mateus 10.7-8)

Na Lei, quando se tocava nos leprosos, havia contaminação. Na graça, quando se toca nos leprosos, há purificação. Essa garantia e autoridade não nos foi dada para simplesmente nos sentirmos como super-heróis. Recebemos essa autoridade e graça, justamente, para tomarmos territórios.

O nosso Rei conquistou o mundo como seu território de expansão e Ele conta conosco para estabelecer o Seu governo por toda a Terra. O inimigo sabe que todos os dias o Reino de Deus está em contínuo avanço. E, por saber disso, por meio de mentiras e a instalação do medo, Satanás tenta nos intimidar e nos afugentar do território que já foi comprado com o sangue do nosso Rei. A nossa Constituição nos assegura a vitória, porque o nosso Rei já venceu o mundo, porém nos resta tomar posse e reivindicá-lo!

> Filhinhos, sois de Deus, e já os tendes vencido; porque maior é o que está em vós do que o que está no mundo. (1 João 4.4)

Talvez você nunca tenha parado para pensar sobre isso, mas Deus não cria mais terra. É por isso que terras são tão valiosas. Um território nos permite cultivar vida, desenvolver nações, gerar riquezas, construir legado e gozar da alegria. Todas as grandes guerras da História, como a I e II Guerra Mundiais, foram motivadas por disputas de território. Território é sinônimo de poder e autoridade. A terra que temos adiante de nós já foi conquistada pelo nosso Rei e está esperando ser ocupada. Ocupai até que Ele venha!

Temos o desejo intrínseco de fazer parte de algo maior do que nós, desejo de fazer parte do Reino de Deus e do propósito do nosso Rei para este mundo. Nós nascemos para um tempo como este. É nossa missão ocupar cada nação e esfera da sociedade com a cultura e o Reino de Deus. Nós já temos tudo que precisamos para legitimarmos o Reino de Deus em nosso mundo. Nós temos um Rei que está sempre presente. Somos parte de um povo com uma cidadania celestial. Temos uma constituição que é inabalável. Temos as chaves de influência para destravar o nosso Reino neste mundo. E temos um território pronto para ser conquistado. Tudo se resume a quem nós conhecemos e ao que sabemos sobre o nosso Reino. Posso lhe garantir que, quanto mais você souber sobre a sua Pátria Celestial e quanto mais você se levantar com base nesse conhecimento revelado, mais do Céu você viverá aqui na Terra.

CAPÍTULO 4

O REINO DE PONTA-CABEÇA

Durante uma das edições do 21 *Project* Brasil, uma escola de missões, de 21 dias de treinamento e 21 noites de avivamento, que o *Dunamis* realiza em parceria com o *Fire & Fragrance*, ministério da *JOCUM Kona*, e que acontece na *Dunamis Farm* no interior de São Paulo, tive a oportunidade de ensinar sobre o Reino de Deus para mais de 500 jovens em uma das aulas. Depois daquela aula, eu pude conversar com os nossos alunos sobre o tema e conhecer alguns dos estrangeiros que haviam se matriculado na escola e saído de seus respectivos países para serem treinados pela nossa equipe aqui no Brasil. Essa é uma das coisas a respeito do Reino de Deus que mais me fascinam, o fato de que ele é o único Reino que é capaz de conectar povos e nações de todo o mundo debaixo de um único propósito e cultura, a do Reino de Deus.

Lembro-me de que naquele dia, conversei com jovens da Austrália, Brasil, Equador, Portugal, Suécia e Coréia. Escutar como cada um daqueles jovens que amavam a Jesus carregavam uma paixão pelo Reino foi inspirador. Porém, ao mesmo tempo havia um desejo por parte de cada um deles de viver e expandir o Reino de Deus, era nítido o processo que todos eles estavam passando ao experimentar o conflito que muitas vezes a cultura do Reino causa com a nossa cultura terrena. Por mais que existam valores e comportamentos que herdamos e que nos apontam para a nossa origem natural, o nosso prumo sempre é a série de valores e práticas do Reino de Deus, nossa pátria celestial, acima até da nossa cultura terrena. Cada nacionalidade e cultura de povos terrenos trazem virtudes em sua expressão das facetas da cultura do Reino. Ao mesmo tempo, é verdade também que temos o discernimento para enxergar que certas características de nossa cultura são contrárias à Cultura dos Céus e, por isso, necessitam ser sobrepujadas pela cultura celestial. Porém, foi notória na discussão com todos naquela fazenda como suas culturas terrenas influenciavam a sua vivência do Reino. Isso é lindo, pois o Reino de Deus é tão grande e diverso, e o Rei dos reis, ao mesmo tempo que abala as nações com o poder do Seu Reino, também é o desejado das nações! Portanto nada mais natural do que ver esse Reino vivido e expandido através das diferentes culturas terrenas e suas diferentes expressões de adoração a Ele.

> E farei tremer todas as nações, e virão coisas preciosas de todas as nações, e encherei esta casa de glória, diz o SENHOR dos Exércitos. (Ageu 2.7)

Nas diversas culturas das quais tive contato, tenho visto as características do Reino de Deus. Vejo na cultura japonesa a excelência, a precisão e a lealdade, que são facetas do Reino. Vejo na cultura brasileira a alegria, a espontaneidade e a celebração, que são facetas do Reino. Vejo na cultura americana a iniciativa, o empreendedorismo e a generosidade, que são também facetas do Reino. Cada nacionalidade reflete algumas das facetas do Reino. Ao mesmo tempo vejo facetas de nossas culturas que são contra a cultura do Reino e precisam ser abordadas para que cada vez mais os reinos deste mundo se tornem o Reino do nosso Deus.

É necessário que nós, filhos do Rei, independentemente da nacionalidade terrena, tenhamos olhos aguçados e discernimento para saber quais práticas e conceitos são contra a cultura do Reino de Deus e, portanto, necessitam ser eliminados, e quais práticas e conceitos estão ou se tornaram contrários ao Reino e, assim, precisam ser restaurados ou reformados.

Existem certos conceitos que são malignos em sua essência e, desta forma, não são alvos de restauração. Eles precisam ser extinguidos. Um exemplo disso é o racismo. Não se pode restaurar ou reformar o racismo. É necessário eliminá-lo veementemente pela raiz. O argumento que o racismo foi algo herdado culturalmente não legitima sua existência. Independentemente da cultura que uma pessoa possa ter sido criada, a herança do racismo em sua essência é contra a cultura do Reino e, por isso, deve ser completamente destruída. O mesmo pensamento serve para lascívia e para a corrupção. Isso tudo pode ser herdado culturalmente, porém são contrários aos valores do Reino em sua essência e precisam ser eliminados e não restaurados.

Existe, porém, práticas e valores que foram herdados por culturas terrenas, mas suas expressões precisam ser restauradas. Certos conceitos de direitos humanos precisam ser restaurados. Certas expressões artísticas precisam ser restauradas, como música, artes cênicas, cinema, moda e tantos outros. No ramo da ciência, tantos princípios precisam ser realinhados com o prumo do dono de toda ciência. Esses são apenas alguns de muitos casos que não precisam ser destruídos, mas sim redimidos. Essa restauração de valores e práticas culturais presentes nas nações leva uma cultura terrena a se sujeitar novamente à influência do Reino.

O choque que o Reino de Deus causa nas culturas terrenas não é de hoje. Na verdade, sempre foi assim desde a época de Jesus. Ou o Reino de Deus vem na pessoa de Jesus para destruir as obras do inimigo, como está escrito em 1 João 3.8: "Quem comete o pecado é do diabo; porque o diabo peca desde o princípio. Para isto o Filho de Deus se manifestou: para desfazer as obras do diabo", ou vem para curar e restaurar o quebrantado: "O Espírito do Senhor é sobre mim, pois que me ungiu para evangelizar os pobres. Enviou-me a curar os quebrantados do coração" (Lucas 4.18).

A verdade é que, quando o Reino de Deus invade um lugar, esse lugar nunca mais será o mesmo. Existe um choque

que é provocado. Tudo pode acontecer e uma coisa é certa: o Reino não é passivo ou omisso, é agressivo. Jesus foi agressivo. Ele não levanta resistência à toa. Ele oferece resistência, pois se recusa a se enquadrar na cultura da época. A cultura existente na época, o *status quo*, não iria ditar as ações e as palavras de Jesus, mas Jesus é que incute a Cultura do Reino nesta Terra. O Reino de Deus é como fermento. O fermento, mesmo variando em quantidade, seja uma pitada ou uma concha, sempre faz a diferença. Não importa o tamanho da massa, ele sempre causa um efeito.

> Outra parábola lhes disse: O reino dos céus é semelhante ao fermento, que uma mulher toma e introduz em três medidas de farinha, até que tudo esteja levedado. (Mateus 13.33)

Assim é o Reino de Deus. Ele nunca vai passar despercebido. Ele não consegue, em Sua essência, ser omisso ou apático.

O próprio Jesus, que era a expressão mais pura do amor de Deus aqui na Terra, não conseguiu agradar a todos. Sim, Deus é amor. Mas é importante lembrar que, mais do que qualquer tema, enquanto estava aqui na Terra, Jesus pregava o Evangelho do Reino, e o Reino avançava. Ele experimentou grande resistência quando veio anunciar a chegado do Seu Reino, pois, os líderes religiosos e o povo da época pensavam a partir da cultura daquele tempo e daquela região do mundo. Obviamente Jesus já esperava por isso, uma vez que Ele tinha plena consciência de que o Reino de Deus não era deste mundo, muito menos a cultura do céu. O conjunto de crenças, valores e princípios do Céus são eternos, enquanto que os da Terra são passageiros e sujeitos à mudança.

Ao longo de toda história, muitos impérios tiveram suas culturas radicalmente transformadas ou simplesmente absorvidas por outras sociedades mais poderosas após passarem anos em hegemonia. Estudamos isso na escola e temos visto isso ao logo da história da humanidade. O Império grego, por exemplo, após ter sido conquistado pelo Império Romano, teve parte da sua cultura destruída e a outra parte absorvida pelo conquistador. A ambição romana pela região grega não estava relacionada apenas com a extensão territorial do seu governo, mas também com a admiração pela ciência dos gregos, o que motivou Roma a passar por um processo de aculturação. O mais interessante é o fato de que a cultura grega, mesmo sob o domínio do Império Romano, foi se modificando e se desenvolvendo, tornando-se mais rica, dando origem ao que chamamos hoje de cultura greco-romana. O legado da renascença cultural da Europa Ocidental, que acreditamos ser grego, na verdade é da civilização greco-romana, pois deriva dessa mescla da cultura grega e seu desenvolvimento no período romano. Esse é apenas um dos vários exemplos históricos que comprovam que todas as culturas são como organismos vivos, fluidos, e que estão sujeitos a mudanças, principalmente quando entram em colisão com a cultura de uma sociedade mais forte e dominante. As culturas deste mundo terreno são vulneráveis e abaláveis, porém a cultura do Reino é imutável e inabalável, assim como a sua fonte: o Rei dos reis. A cultura do Reino é a mais influente e, ao mesmo tempo a mais confrontadora de todas porque ela está acima do natural e, muitas vezes, irá desafiar a lógica humana.

Para trazer o Reino de Deus na Terra, assim como Jesus, devemos sempre amar a todos, mas sem esperar agradar a todos.

> E odiados de todos sereis por causa do meu nome; mas aquele que perseverar até ao fim será salvo. (Mateus 10.22)

Costumo dizer que é impossível cumprir com o mandato cultural, a grande comissão e o grande mandamento, sem ofender alguém. Em outras palavras, ao cumprir o chamado, muitos não irão nos compreender. Antes mesmo de começarmos a nos engajar na obra do Reino, é necessário colocar esse fator na equação. Tendo isso já em vista, a atitude mais sábia é abrir mão de ser entendido. Nem todos escolherão entrar para Reino, mas é nossa missão garantir que todos conhecerão a porta para ele: Jesus. Nós devemos ter claro em nossa mente que, durante o processo de estabelecimento do Reino aqui na Terra, ainda que venhamos carregar todo o amor do mundo dentro de nós, o choque entre a cultura dos Céus e a da Terra é inevitável. A manifestação do sobrenatural e os princípios que regem o verdadeiro cristianismo são loucura para os sábios deste mundo, porque fazem parte da cultura que contradiz a intuição e o senso comum da sociedade. É uma cultura paradoxal. Ou seja, ela não faz sentido para ninguém que não a tenha.

O Reino de Deus é um reino de paradoxos. Ele sempre responde o esperado com o inesperado. Por inúmeras vezes, ao longo de toda a Bíblia, e principalmente nos evangelhos, podemos ver Jesus realizando milagres que não fazem sentido quando tentamos alcançar com a nossa mentalidade humana. Atos que não conseguimos racionalizar ou mesmo explicar através das leis da física. Onde está a lógica matemática em cinco pães e dois peixes serem o suficiente para alimentar cinco mil pessoas? Onde está a lógica da medicina em passar lama, feita a partir de cuspe, nos olhos de um cego e ele voltar a enxergar? Onde está a lógica de andar sobre as águas? Onde está a lógica em morrer por aqueles que te condenaram à morte para logo depois ressuscitar para perdoá-los? O Reino de Deus é sinônimo de paradoxo. A palavra paradoxo tem sua origem na palavra grega *parádoksos*, que significa "estranho" ou "extraordinário". Não por acaso, essas são as duas palavras que melhor descrevem a percepções de uma pessoa quando tem uma experiência real e palpável com o Reino de Deus pela primeira vez. Ou ela compreende aquilo como muito estranho e busca manter distância, pois de certa forma aquilo confronta tudo que é familiar ao seu mundo, ou ela compreende aquela experiência como algo extraordinário, um evento completamente incomum e que atinge seu apetite pelo impossível e serve como portal para acessar outra realidade e dimensão.

Tendo tudo isso em vista, é natural nos perguntarmos: "Se Deus deseja que todos façam parte do Seu Reino, por que não deixar as coisas mais fáceis?" Acredito que Deus assim o faz para, primeiramente, mostrar que o Seu Reino é grande demais para caber em nossa cabeça. Muitos têm dificuldade em compreender o Reino, pois insistem em abraçá-lo somente depois que o entenderem por completo. Diante disso eu pergunto: Por que servir a um Deus, a um Rei, que cabe dentro do seu cérebro? Se caber dentro da lógica e raciocínio humano fossem pré-requisitos para tê-lO como seu Senhor, é preferível permanecer com o raciocínio que já possui, que é o cérebro humano, a tê-lo então como deus. Se o intuito é servir e adorar um ser supremo, que esse ser supremo seja maior que o seu próprio raciocínio e digno da sua confiança. Obviamente a fé cristã é lógica, porém considerar a possibilidade de praticá-la sem em alguns momentos abrir mão da racionalidade humana e ter que se escorar na fé é sugerir viver uma vida racional, e não um Reino sobrenatural. É por isso que o autor do livro de Hebreus nos lembra:

> Ora, sem fé é impossível agradar-lhe; porque é necessário que aquele que se aproxima de Deus creia que ele existe, e que é galardoador dos que o buscam. (Hebreus 11.6)

Além do convite para andar em fé, Deus não escancara a porta do Reino, pois nos convida a um andar de intimidade. Fico constrangido toda vez que penso que para esse andar espiritual no Reino, nosso Rei não apenas nos fornece o mapa (a Bíblia), mas também o Guia (o Espírito Santo). Ele não quer que venhamos somente escutar d'Ele através da palavra escrita na Bíblia, mas nos chama para andar tão perto d'Ele para também escutarmos da palavra dita e falada a nós. Nunca me esqueço de um conselho, vez após vez, repetido pela minha mãe, Pra. Sarah Hayashi: "Deus grita Suas verdades, mas sussurra os Seus segredos. Esteja tão perto d'Ele que até um sussurro você consiga escutar".

> Ele, respondendo, disse-lhes: Porque a vós é dado conhecer os mistérios do reino dos céus, mas a eles não lhes é dado. (Mateus 13.11)

Nesta passagem do livro de Mateus, Jesus acaba de ensinar, através de parábolas, sobre o Reino e como ele se expande por meio das boas novas sendo semeadas no coração das pessoas. Naquele momento, o Rei estava ensinando, sob a perspectiva celestial, que cada coração é como um pedaço de terra a ser conquistado e cultivado para o avanço do Reino. Todos ouviram a verdade daquele ensino, mas nem todos estavam próximos o suficiente de Jesus para entender a mensagem por trás da parábola. Até os discípulos tiveram dificuldade para receber aquela revelação. Apesar de próximos, em alguns momentos, eles eram pessoas que ainda tinham medo dos homens e até eram um pouco "orgulhosos" para assumir que não aprendiam tudo de primeira. Então eles não se manifestavam publicamente, eles esperavam estar em particular com Jesus e falavam assim: "Jesus, sabe aquilo lá que você ensinou para o povo? Não foi só o povo que estava 'boiando', a gente também não tem a mínima noção do que o Senhor está falando, explica para nós!". Eram em momentos como esse que Ele respondia: "A vocês foi dado o conhecimento dos mistérios do Reino do Céus! Para vocês eu vou realmente destrinchar aquilo que eu estou falando, porque vocês são os meus amigos. Vocês têm um compromisso comigo. Vocês não estão atrás de mim só por conta dos milagres, mas do meu Reino, vocês não estão atrás das bênçãos do Rei, mas atrás do coração do Rei".

Hoje, temos uma igreja evangélica no Brasil extremamente grande, e a maior parte desse crescimento massivo vem por conta da manifestação do sobrenatural. Diversas pesquisas nos dizem que a maior parte do crescimento da Igreja Evangélica está acontecendo na ala pentecostal e esse crescimento vem acontecendo vertiginosamente nos últimos vinte anos. Ao passo que me enche o coração de alegria ver o Espírito Santo se movendo, vejo que o clamor por mais d'Ele gira em torno de súplicas como: "Eu preciso de um livramento!", "Eu preciso ser liberto dos meus vícios e demônios.", "Preciso de um romper financeiro.", "Eu preciso de uma cura.", "Eu preciso me casar.", "Só um milagre pode dar um jeito em minha vida". Não existe nada de errado com súplicas como essas. Na verdade, Jesus é quem nos chama para vir, não importa como estamos! "Vinde a mim, todos os que estais cansados e oprimidos, e eu vos aliviarei" (Mateus 11.28).

A multidão seguia Jesus porque eles tinham necessidades e era do interesse d'Ele servir o povo com amor e demonstrar o Reino com poder. Mas o nosso Rei anseia por revelar muito mais do que o poder do Reino. Ele quer nos levar para um lugar onde Ele possa revelar os mistérios do Seu Reino. É bom receber milagres do Rei Jesus, mas melhor ainda é andar em intimidade com o Rei. Os milagres são os veículos desse amor eterno que nos abraça. É necessário entendermos que o evento sobrenatural é um convite que deve ir além de um evento, e sim apontar para um estilo de vida sobrenatural.

Agora, olhe só o que Ele fala em Mateus 13.12. Ele continua explicando o princípio da revelação dos mistérios de Deus:

> A quem tem será dado, e este terá em grande quantidade. De quem não tem, até o que tem lhe será tirado. Por essa razão eu lhes falo por parábolas: "Porque vendo, eles não veem e, ouvindo, não ouvem nem entendem".

O que Jesus está querendo destacar aqui? Se temos acesso à Sua intimidade, também temos acesso aos Seus mistérios. Porém, se formos bons mordomos daquilo que nos é revelado, aplicando o que foi ensinado, e continuarmos com fome por buscar mais, Ele nos dará mais. Já aqueles que buscam a presença de Deus simplesmente para ter um êxtase, um frenesi emocional e espiritual, terão um acesso superficial e as revelações serão dadas para quem está fazendo bom uso.

Se você valoriza o que Deus te revela, produz frutos e faz boas obras com isso, muito mais lhe será acrescentado.

Tudo aquilo que aprendemos desde pequeno nas nossas famílias, escolas, universidades, trabalhos, sociedades faz com que pensemos de certa maneira. Mas quando entramos para o Reino, Jesus vem e vira tudo isso de ponta-cabeça.

Porque o Reino de Deus é espiritual, e não natural, podemos dizer que esse reino é um reino que desafia as leis humanas. É um reino de ponta-cabeça. A partir da perspectiva desse Reino, o Céu não é o limite, mas o ponto de partida de todas as coisas. Sim, o céu é o nosso destino, mas ao mesmo tempo é a nossa origem, uma vez que somos novas criaturas e justificados em Cristo. O impossível não é o fim, mas o começo de todas as possibilidades. Neste reino, o natural é o sobrenatural. No capítulo 18 do evangelho de João, temos Jesus sendo entregue como um criminoso aos romanos. Antes de Jesus ser crucificado, Ele é interrogado pelo então governador romano da Judeia, Pôncio Pilatos. Ele pergunta a Jesus por que o "Rei dos judeus" estava sendo entregue pelo Seu próprio povo. Jesus responde para ele no versículo 36:

> Respondeu Jesus: O meu reino não é deste mundo; se o meu reino fosse deste mundo, pelejariam os meus servos, para que eu não fosse entregue aos judeus; mas agora o meu reino não é daqui. Disse-lhe, pois, Pilatos: Logo tu és rei? Jesus respondeu: Tu dizes que eu sou rei. Eu para isso nasci, e para isso vim ao mundo, a fim de dar testemunho da verdade. Todo aquele que é da verdade ouve a minha voz. (João 18.36-37)

Como governador e representante do império romano, Pilatos queria saber se existia alguma possibilidade de estar surgindo um movimento messiânico como ameaça ao governo de Roma. Jesus responde o esperado de forma inesperada afirmando que o Seu reino não é similar a Roma. Precisamos entender que o reino de ponta-cabeça não é um reino natural, caso contrário, nada fará sentido. Ele não é uma república, uma democracia, um regime militar ou um império humano. Então como é que eu exerço o reino de Deus dentro dessa realidade terrena, sabendo que o Reino de Deus é espiritual? Em Filipenses 2, versículo 5, Paulo descreve um pouco sobre como Jesus se portava para manifestar o nosso reino em meio a outras estruturas de poder e governo:

> De sorte que haja em vós o mesmo sentimento (**ou atitude**) que houve também em Cristo Jesus, que, sendo em forma de Deus, não teve por usurpação ser igual a Deus. Mas aniquilou-se a si mesmo, tomando a forma de servo, fazendo-se semelhante aos homens; e, achado na forma de homem, humilhou-se a si mesmo, sendo obediente até à morte e morte de cruz. (Filipenses 2.5 - grifo do autor)

NO REINO, O REI É O SERVO DE TODOS

Este é o primeiro paradoxo do reino de ponta-cabeça: o nosso rei é servo. Ele abre mão da Sua divindade e toma forma de homem. Não a forma de qualquer homem. Ele toma a forma de um homem que é servo de todos, e essa atitude, ao olhar humano, é contra tudo que se espera de um rei humano. É como se Ele abrisse mão da autoridade e poder da coroa para ser parte do

Seu próprio povo. Nós como seres humanos não enxergamos um rei assim. Quando pensamos em um rei, imaginamos alguém que é servido por todo mundo. Na perspectiva desse mundo, o rei não serve ninguém, mas na perspectiva do Reino, o Rei é o servo de todos. E, por isso, todos podem servir uns aos outros, porque o Rei ensina a cultura pelo exemplo.

Jesus era um Rei que não se encaixava nem um pouco na expectativa do Messias que os judeus nutriam. Ele não vem nem do jeito nem no tempo que eles esperavam. Em vez de vir como um Rei guerreiro, trazendo o final dos tempos enquanto esmaga o Império Romano com o exército dos Céus, Ele vem como o cidadão de Nazaré, a cidade mais pobre e marginalizada, como o filho de um carpinteiro, andando com pessoas que não tinham nenhum poder ou influência para servi-lO, e ainda as servia.

É por isso que Paulo nos instrui a termos a atitude de Cristo, que foi o servo de todos, para que o mundo à nossa volta experimente o Reino. Quando nós servimos ao próximo, seja com o sobrenatural ou com uma atitude natural de compaixão, nós evidenciamos a cultura do Céu e do coração do nosso Rei.

Nesse mesmo capítulo, o apóstolo Paulo também revela o segundo paradoxo do Reino: Quando nos humilhamos é que somos exaltados.

> Por isso, também Deus o exaltou soberanamente, e lhe deu um nome que é sobre todo o nome; Para que ao nome de Jesus se dobre todo o joelho dos que estão nos céus, e na terra, e debaixo da terra.
>
> (Filipenses 2.9-10)

NO REINO, VOCÊ É EXALTADO QUANDO SE HUMILHA

Nós somos exaltados no Reino de Deus quando estamos confortáveis com o desconforto da humilhação. Confortáveis não significa ser conformados, mas sim dispostos a passar por situações em que o nosso verdadeiro caráter e coração de servo são evidenciados. O servir é a chave para ser promovido no Reino. Muitas vezes, o mundo vai falar: "Aqui é cada um por si. Você tem que pisar nos outros para subir". Mas Jesus fala assim: "Não. No meu reino, você impulsiona os outros para subir e alcançar lugares mais altos. É aí que você é reconhecido publicamente, servindo".

Nós vivemos numa época em que as gerações mais modernas passam mais tempo nas redes sociais do que assistindo TV ou ouvindo Rádio. O entretenimento pela *internet* tem se tornado o escape, não só para a geração dos *millennials*[1] (geração dos nascidos da década de 80 até o início dos anos 2000), mas também para a geração Z[2] (geração dos que vieram depois dos anos 2000). Muito do que tem atraído essa geração às plataformas digitais é fato de que, com um celular com câmera e uma plataforma, como *YouTube* ou *Instagram*, eles mesmos produzem seus conteúdos como protagonistas, com a possibilidade de se tornarem famosos.

---

1. De acordo com a Revista Época Negócios Online publicada no dia 08/09/2017 - 13H55 -, a geração Y, ou *millennials*, são os nascidos entre 1984 e 1996.

2. De acordo com a Revista Época Negócios Online publicada no dia 08/09/2017 - 13H55 -, a geração Z são os nascidos depois de 1997.

No passado, quem eram os famosos da nossa geração? Eram os grandes craques do futebol que apareciam na televisão, atores de novelas e filmes de cinema, músicos e artistas da *MTV*. Hoje em dia, eles continuam sendo famosos, mas junto com eles há uma nova categoria de estrelas. São os famosos que têm milhares de seguidores das redes sociais.

Recentemente fui ao *shopping* com minha esposa e meus dois filhos. Em 3 horas de passeio por lá, vimos duas comoções: adolescentes que berravam com celulares em mãos e corriam atrás de uma pessoa na escada rolante, e outro grupo atrás de uma pessoa dentro de um restaurante. Essas cenas foram tão inesperadas que eu nem sabia o que pensar. Com o barulho e a comoção inicial, pareceu-me uma briga ou uma tragédia acontecendo. Depois vi que não, era um *youtuber* famoso e uma blogueira famosa que estavam passeando no mesmo *shopping* e seus fãs estavam brigando por uma foto. Mas a coisa interessante é que eu não tinha a mínima noção de quem eram aquelas pessoas. Hoje, com a *internet* à disposição de todos, a probabilidade de fama aumentou. Muitos jovens perceberam isso, e essa ambição por fama tem se tornado cada vez mais latente nesta geração. Pode-se ganhar a atenção dos jovens com coisas absurdas que geram estranhamento, como explodir uma pequena bomba dentro de um cinema e depois postar o vídeo desse acontecimento, até gravar uma pessoa correndo pelada por uma vizinhança. É verdade! Certo dia, eu estava chegando em casa quando vi alguns adolescentes filmando com suas câmeras e outro adolescente correndo muito, só que peladão.

Eu olhei aquilo e falei "O QUE É ISSO?!". Depois de alguns minutos, pensei: "Ah, eles vão postar isso no *YouTube*". Porque a verdade nua e crua é que existe uma carência dentro dessa nova geração de ser conhecido e reconhecido. Cada atitude é um grito "EI! ME VEJA! Você sabia que eu existo?". O clamor por reconhecimento é cada vez maior em meio à abundância de exposição. Pessoas estão dispostas a fazer o que for necessário para que, ao menos, elas sejam notadas.

Toda a fama e reconhecimento que essa geração tanto almeja estava à disposição de Jesus como consequência do Seu serviço à sociedade. É comum você ver nos Evangelhos um padrão das multidões seguindo Jesus e, muitas vezes, correndo atrás d'Ele. A multidão, em certos momentos, até O apertava, tamanho era o desespero de estar em contato com esse homem extraordinário. A palavra fala que, porém, Cristo nunca buscou chamar atenção para Si, mas para o Reino. Ele alcançou reconhecimento em meio ao povo porque Ele supria a carência das pessoas com o Reino.

> E logo correu a sua fama por toda a província da Galiléia.
>
> (Marcos 1.28)

Quando Ele curava alguém, todo mundo questionava se Ele realmente era o filho de Deus e Ele respondia pedindo para que ficassem quietos. Para Jesus, quanto menos publicidade Ele tivesse, melhor. Porque isso iria garantir que Ele chegasse na cruz do calvário.

Qual era o medo de Jesus? O medo de Jesus era que as curas, os sinais, os milagres e as maravilhas ofuscassem o Seu propósito, fazendo com Ele se tornasse uma personalidade tão famosa e pública que, sem perceber, as pessoas promoveriam o surgimento de um movimento messiânico popular que poderia atrapalhar a Sua missão, que Ele bem sabia que era chegar até a cruz. Então Ele controlava a Sua fama e falava: "Não! Sem muita publicidade. Isso vai me impedir de cumprir meu propósito". Em alguns momentos, Ele permitia, mas na maioria das vezes Ele falava: "Não fale o que eu fiz, não conte para ninguém, porque eu não quero ser popular".

> E ele disse aos seus discípulos que lhe tivessem sempre pronto um barquinho junto dele, por causa da multidão, para que o não oprimisse, Porque tinha curado a muitos, de tal maneira que todos quantos tinham algum mal se arrojavam sobre ele, para lhe tocarem. E os espíritos imundos vendo-o, prostravam-se diante dele, e clamavam, dizendo: Tu és o Filho de Deus. E ele os ameaçava muito, para que não o manifestassem. (Marcos 3.9-12)

Às vezes, a fama de Jesus chegava a tal ponto que, como está escrito, Ele pedia aos Seus discípulos para deixarem um barco pronto para um escape.

> Disse-lhe então Jesus: Olha, não o digas a alguém, mas vai, mostra-te ao sacerdote, e apresenta a oferta que Moisés determinou, para lhes servir de testemunho. (Mateus 8.4)

Muitas vezes, a nossa popularidade vai nos tirar da rota do que realmente Deus quer para nós, porque o foco terá deixado de ser o Rei e Seu Reino, para ser você. Jesus tinha os Seus olhos na cruz. Ele abriu mão da Sua posição para chegar na cruz e viabilizar o caminho para que todos nós pudéssemos fazer parte desse Reino.

NO REINO, TODOS FAZEM PARTE DA REALEZA

Em toda a História, não há nenhum reino ou sistema de governo que tenha dado a autoridade e o poder que o Reino de Deus dá ao Seu povo. O Reino do nosso Deus é o único Reino em que o Rei confere ao Seu povo o título de realeza. O Rei verdadeiramente nos coroa para governarmos com Ele. Era assim desde o Éden quando Ele criou o homem e a mulher com o mandato cultural de sujeitar e governar a Sua Criação. O segundo Adão, Jesus Cristo, veio para restaurar o que havia sido perdido.

E da parte de Jesus Cristo, que é a fiel testemunha, o primogênito dentre os mortos e o príncipe dos reis da terra. Àquele que nos amou, e em seu sangue nos lavou dos nossos pecados, E nos fez reis e sacerdotes para Deus e seu Pai; a ele glória e poder para todo o sempre. Amém. (Apocalipse 1.5-6)

E eu lhes designo um Reino, assim como meu Pai o designou a mim, para que vocês possam comer e beber à minha mesa no meu Reino e sentar-se em tronos. (Lucas 22.29-30 – NVI)

Essas palavras têm peso e poder. O nosso Reino não é composto de um rei e vários súditos, mas de um Rei e vários reis.

Nós somos reis e sacerdotes reais, e não súditos ou escravos. Homens e mulheres que têm intimidade com o Rei para sentar em tronos e à mesa real, porque fazem parte da Sua família. Somos todos realeza, pois assim como a monarquia não é alcançada por mérito, e sim nascimento, nascemos de novo para dentro dessa família. Fomos unidos com o Cristo pelo mesmo sangue, o sangue que Ele derramou por nós. Assim como Cristo personificou o Reino aqui na Terra, nós também o podemos fazer, pois fomos revestidos de autoridade para não apenas anunciar com palavras que o Reino de Deus é chegado, mas também, com atos de poder, levar as pessoas à dimensão do Reino, mesmo aqui deste lado do Céu.

NO REINO, VOCÊ SE SACIA AO SE ESVAZIAR

Em Efésios 5.18, Paulo fala sobre como uma pessoa que faz parte da realeza pode estar pronta para manifestar o Reino: "Não se embriaguem com vinho, que leva à contenda, mas deixem-se encher pelo Espírito Santo". No Reino, quanto mais você se esvazia, mais cheio você se torna. Quanto mais você se doa, mais você recebe.

Você vai ficar cada vez mais cheio da cultura do Reino de Deus à medida que se esvaziar dos padrões de pensamento deste mundo. Como você pode fazer isso de forma prática? Veja o que diz no versículo 19:

> ... falando entre vocês com salmos, hinos e cânticos espirituais, cantando e louvando de coração ao Senhor, dando graças constantemente a Deus Pai por todas as coisas, em nome de nosso Senhor Jesus Cristo.

Então, se estamos em uma situação em que nos sentimos vazios, devemos começar a agradecer. Se nos sentimos desgastados, devemos começar a adorar. Se nos sentimos secos, devemos começar a adorar. Como mensuramos o quão cheio do Espírito Santo nós estamos? Uma pessoa pode facilmente dizer que é cheia do Espírito Santo e será uma afirmação abstrata e imensurável. Porém, só podemos realmente mensurar o enchimento do Espírito Santo pelo quão transbordante d'Ele estamos, através dos dons do Espírito e, especialmente, o fruto do Espírito Santo. Quando estamos cheios do Espírito, é natural querermos liberar o Seu amor e poder orando pelos enfermos com ousadia, comunicando a mente e o coração de Deus com palavras proféticas, libertando os oprimidos, dando seu tempo e seus recursos financeiros com generosidade, pregando as boas--novas do Reino com autoridade e amando sem esperar algo em troca. Porque cada uma dessas ações são o reflexo do transbordar daquilo que carregamos dentro de nós. Querer dar e servir são respostas naturais de quem está cheio e, ainda sim, quer mais de Deus. Porque você só pode se encher, se você se esvaziar. No Reino de Deus, quanto mais você dá, mais você tem.

NO REINO, A AUTORIDADE VEM DEPOIS DA MORTE

Porém, de nada vale transbordar do poder do Reino de Deus e entender que fazemos parte da realeza, se não andarmos na autoridade que o Rei andava. Em Mateus 28.18, encontramos a grande comissão. Jesus já morreu pelo Seu povo, ressuscitou como Rei nos Céus e na Terra, apareceu para os discípulos e está prestes a ascender aos Céus. Mas antes d'Ele ir embora, Ele diz:

> É-me dado todo o poder no céu e na terra. Portanto ide, fazei discípulos de todas as nações, batizando-os em nome do Pai, e do Filho, e do Espírito Santo; Ensinando-os a guardar todas as coisas que eu vos tenho mandado; e eis que eu estou convosco todos os dias, até a consumação dos séculos. Amém. (Mateus 28.18-20)

Antes de vir ao mundo, Jesus abriu mão da Sua divindade para viver em nosso meio sob as mesmas condições que nós, seres humanos. Quando Ele chega aqui e entrega a Sua vida por nós, Ele morre e ressuscita como Homem. Neste processo de vencer a morte, Ele retoma a autoridade que Adão perdeu no Jardim do Éden e retorna diante dos Seus discípulos, os embaixadores do Seu Reino, e diz: "Eu recuperei toda autoridade. Portanto, vão e a usem para expandir o Reino do qual vocês fazem parte. Façam discípulos de todas as culturas, povos e nações".

No Reino dos Céus, a autoridade só é conquistada depois da nossa morte através da morte do Rei. Se com Ele morrermos, com Ele viveremos.

> Se sofrermos, também com ele reinaremos; se o negarmos, também ele nos negará. (2 Timóteo 2.12)

O nosso Rei só Se permitiu ser levado à morrer na cruz porque Ele foi considerado o sacrifício ideal para ser substituto da nossa morte. O nosso Senhor deu a Sua vida para salvar todo o povo da morte. Ele morreu, porque os Céus, o mundo espiritual, até o inferno reconheceu que Ele era o sacrifício ideal. Agora pare para pensar: Por que Ele é o sacrifício ideal? Porque Ele foi o Cordeiro sem mácula, o Cordeiro puro e justo, apto para a expiação dos nossos pecados. Não foi à toa que Ele surgiu ao mundo nascido da virgem. A semente que veio do Espírito Santo foi para o ventre abençoado de uma mulher que nunca conheceu outro homem. Ele não carregou a semente pecaminosa de um pai terreno. Entrou puro, passou tudo que passou impecavelmente, e foi à cruz puro e em plenas condições de ser o nosso sacrifício de propiciação. Ele só retomou a autoridade que foi perdida pelo Homem no Éden porque Ele venceu o pecado e a morte como Homem também.

Jesus só retomou toda a autoridade porque venceu a morte através de Sua ressureição. Ele só pôde vencer a morte porque antes foi fiel à morte e morte de cruz. Ele só morreu na cruz porque antes foi considerado o sacrifício substituto ideal. Ele só é o sacrifício substituto ideal porque submeteu-Se ao processo de abrir mão de Sua posição e Se humilhar para tomar a forma de Homem. Não poderia ser um anjo ali naquela cruz por mim e por você. Tinha de ser um Homem, para que fosse um Homem levando sobre Si os pecados dos Homens. Foi por isso que o Rei dos reis abriu mão de Sua posição para Se encarnar, ser um Cordeiro puro levado ao matadouro para, então, na vitória sobre a morte, retomar a autoridade que sempre teve, só que agora dando a nós, Seus filhos, o acesso a essa autoridade também.

Agora, pense! No princípio, quando Jesus era Deus, Ele já tinha toda autoridade. E se Ele já tinha toda autoridade, então para que passar por tudo isso? Já parou para pensar nisso? Por que Ele fez todo esse trajeto de abrir mão da própria divindade, tornando-se Homem, entrando na Terra como sacrifício ideal, pregando o Reino, sendo fiel e obediente até à morte de cruz, morrendo na cruz, indo para o túmulo, vencendo a morte na ressurreição e pegando as chaves da vida e da morte? Sabe por que Jesus fez isso? Porque assim Ele diz: "Agora vocês vão ter parte da minha autoridade". E como você tem parte nessa autoridade? Passando por esse mesmo processo. Qual é esse processo? Escolher de maneira consciente, morrer para a sua natureza terrena e, assim, nascer de novo. Desta forma, será possível entrar para o Reino, acessar a autoridade do Rei e abalar este mundo, trazendo a cultura do Reino Inabalável para todos os povos e nações. Até que todos os reinos deste mundo se tornem o Reino do nosso Deus.

É por isso que o Reino de Deus é de ponta-cabeça. Ele vem para gerar uma mudança radical na sua forma de ver o mundo. A sua perspectiva se torna a perspectiva do Céu para Terra, e não o oposto. Porém, ainda existem muitos paradoxos e mistérios acerca do Reino, uma vez que ele não é só um Reino de ponta-cabeça, mas também um Reino que é de trás para frente. E é sobre essa outra perspectiva do Reino que falaremos no próximo capítulo.

> De sorte que haja em vós o mesmo sentimento que houve também em Cristo Jesus, que, sendo em forma de Deus, não teve por usurpação ser igual a Deus. Mas esvaziou-se a si mesmo, tomando a forma de servo, fazendo-se semelhante aos homens; E, achado na forma de homem, humilhou-se a si mesmo, sendo obediente até à morte, e morte de cruz. Por isso, também Deus o exaltou soberanamente, e lhe deu um nome que é sobre todo o nome; Para que ao nome de Jesus se dobre todo o joelho dos que estão nos céus, e na terra, e debaixo da terra, E toda a língua confesse que Jesus Cristo é o Senhor, para glória de Deus Pai. (Filipenses 2.5-11)

CAPÍTULO 5

O REINO DE TRÁS PARA FRENTE

De acordo com a perspectiva natural deste mundo, a vida só tem o seu fim com a chegada da morte. Porém, na perspectiva celestial, somente quando morremos para o mundo terreno é que a nossa vida começa no Reino Eterno. Como expliquei no capítulo anterior, o Reino de Deus é um reino que provoca muito estranhamento, porque, geralmente, a sua lógica é oposta ao senso comum, ela é paradoxal e confronta a lógica humana.

Além de ser um reino que funciona de ponta-cabeça, o Reino de Deus também é de trás para frente, pois o nosso envolvimento com ele começa no ato em que a mente humana julgaria ser o fim: a morte. Aquilo que pensamos ser o fim da vida, pela ótica espiritual, é o início. Quando decidimos morrer para este mundo e aceitamos nascer de novo em Cristo, passamos a ter parte no Reino e recebemos a melhor notícia que poderíamos receber: Não precisamos mais nos preocupar com a nossa morte, pois viveremos para sempre. Aquilo que era o fim se tornou o começo quando aceitamos pertencer ao nosso Senhor Jesus e a viver a plenitude no Reino de Deus.

Uma pergunta que por muito tempo fiz a mim mesmo, mas que hoje passo a fazer especialmente para os jovens com quem converso, é a seguinte: Se você já tem certeza do seu novo nascimento, da sua salvação em Jesus e que isso te levará para o Céu quando morrer, o que é que você está fazendo nesta Terra agora? A coisa mais coerente para quem já tem certeza da salvação não seria chegar ao Céu o mais rápido possível e passar a viver a eternidade com Ele? Talvez a situação mais ideal não seja, então, ser salvo, obter a vida eterna e logo na sequência morrer? Muitos me olham como se eu tivesse dito a coisa mais absurda, mas é a mais óbvia possível. A não ser que você tenha uma missão a cumprir aqui nesta Terra antes de chegar ao Céu para passar a eternidade, realmente ficar aqui não faz sentido. Ao mesmo tempo, se enxergarmos a nossa vivência de cristianismo na Terra como cristãos que são convictos do chamado, mas que estão sobrevivendo até Jesus voltar ou a morte terrena nos encontrar, somos hipócritas. Onde já se viu falar que carrega a verdade que muda o mundo, mas vive no mundo sob o medo de contaminação, quando deveria ser um agente de transformação?

Ao estudarmos a história da Igreja, vemos que essa problemática é antiga. Desde os tempos da Igreja Primitiva até os dias de hoje, muitos cristãos caem na armadilha de confundir o destino com a missão. O nosso destino, certamente, é o Céu, mas a nossa missão é, enquanto estivermos aqui, trazermos o

Céu à Terra. Quando confundimos essa ordem, percebemos que nos resta, simplesmente, viver aqui nos preocupando em chegar ao Céu. A garantia de que o nosso destino é o Céu nós alcançamos no ato do novo nascimento. Se cumprimos a missão já nesse ato, é coerente questionar por que, então, permanecermos aqui. Muitos, sem enxergar de maneira objetiva que ainda temos a missão de trazer o Céu para Terra, trancam-se nos guetos evangélicos e em bolhas cristãs, vivem em contagem regressiva esperando a volta de Jesus, e em modo sobrevivência, para não se contaminarem com o mundo. Mal sabem eles que carregam a luz e o poder que transforma o mundo, e que essa é, justamente, a nossa missão.

Quando nós cristãos vivemos uma vida limitada porque acreditamos que a nossa missão aqui na Terra se resume a sermos salvos, garantir a nossa cadeira cativa no Céu e esperar o dia da nossa morte para irmos para a eternidade anula a nossa efetividade. Pensar dessa forma é ignorar as obras e a mensagem central do ministério de Jesus: o Evangelho do Reino de Deus e seu poder de iluminar onde há escuridão e de trazer sabor e preservação assim como o sal faz.

Ao longo da existência da Igreja, vemos que, nos momentos em que ela perdeu de vista o quadro maior do Reino invadindo a sociedade, ela abriu um vácuo para a escuridão se instalar. Até hoje travamos uma briga contra essa escuridão, a tal ponto de termos de lutar contra a institucionalização do pecado. Esse padrão é visto em todos os âmbitos da sociedade, mas mais nitidamente na esfera da educação. No início do século XX, John Dewey, educador e fundador do movimento do pragmatismo, defendia a ideia de que a educação tinha de sair das mãos da Igreja e ser transferida para o Governo. Uma manobra como essa isentou a Igreja de uma imensa responsabilidade, porém, até hoje, no mundo ocidental, abriu--se uma lacuna gigantesca onde os valores cristãos presentes e fundamentais na educação foram sendo substituídos por valores humanistas e liberais, ignorando completamente a existência de verdades absolutas, como a existência e relevância de Deus.

Não só na educação, mas o êxodo da Igreja em outras esferas, como das Artes e Entretenimento, da Comunicação, da Política e do Governo, entre outros, tem nos custado influência e relevância na sociedade.

A verdade é que não podemos reduzir o Evangelho simplesmente ao Calvário, ao Sangue e à Cruz. Eu sei que isso pode até soar um sacrilégio, mas em uma análise objetiva é claro perceber que, primordialmente, o Evangelho que Jesus pregou não foi o Evangelho da Salvação, mas, sim, o Evangelho do Reino. O Evangelho não é o nascer de novo, mas, sim, o Reino é chegado! Entendemos, porém, que para ter parte nesse Reino que é chegado, o nascer de novo é necessário.

A palavra "evangelho" vem do grego original *evangelion*, que significa "boas notícias". Quando ligamos no jornal, a maioria das notícias que recebemos não são boas, não é verdade? Escândalos políticos, violência nas ruas, guerras, crescimento nos índices de mortes e divórcios, crises econômicas e sociais ao redor de todo o mundo. Toda vez que paramos para ver, ler ou escutar a mídia, somos bombardeados por notícias que denunciam que o nosso mundo está sendo acometido por desesperança e medo. Quando as más notícias ecoam por toda a nossa volta, as boas novas que carregamos ganham mais volume e relevância, porque elas promovem esperança.

> Como água fresca para a alma cansada, tais são as boas novas vindas da terra distante. (Provérbios 25.25)

> Jesus respondeu, e disse-lhe: Qualquer que beber desta água tornará a ter sede; Mas aquele que beber da água que eu lhe der nunca terá sede, porque a água que eu lhe der se fará nele uma fonte de água que salte para a vida eterna. (João 4.13,14)

Jesus também vivia imerso em uma sociedade envolvida por uma atmosfera de desesperança e medo, uma vez que todo o seu povo estava debaixo da opressão do Império Romano. Assim como em Provérbios 25, todos tinham suas almas saciadas com as boas novas de uma terra distante quando ouviam Jesus falar que o Reino de Deus estava próximo. Por isso, as boas novas de um novo e poderoso reino surgindo traziam tanta esperança. Aquilo era sinônimo de liberdade e de um novo tempo chegando sobre Israel. Cada ensino e demonstração de poder que Jesus fazia, através de sinais e milagres, anunciavam que o Reino de Deus havia chegado e estava ao alcance de todos.

> E, depois que João foi entregue à prisão, veio Jesus para a Galiléia, pregando o evangelho do reino de Deus, E dizendo: O tempo está cumprido, e o reino de Deus está próximo. Arrependei-vos, e crede no evangelho. (Marcos 1.14-15)

Um detalhe muito importante sobre o ministério de Jesus é que ele sempre pregava publicamente o evangelho do Reino e em privado o evangelho da Salvação. Todas as vezes que Ele ensinava sobre o Reino, Ele estava inserido em um contexto público. Porém, Ele ensinava sobre o nascer de novo e a Sua morte quando estava sozinho com alguém ou com um grupo restrito de pessoas. Nos Evangelhos não existe uma menção sequer de Jesus pregando publicamente sobre salvação ou nascer de novo. Tudo isso era feito em contextos particulares.

A verdade é que, por muito tempo, nós crescemos pregando coisas que são boas, mas não, necessariamente, aquilo que Jesus nos ordenou pregar. A Igreja está crescendo fazendo as coisas que Ele pediu, mas não o essencial daquilo que Ele nos comissionou. O que isso significa? Temos sempre de pregar a salvação, porém com o entendimento de que essa mensagem pertence a um contexto maior: o Reino de Deus. Essa, sim, foi a mensagem central de Jesus. Se pararmos para pensar, qual foi a única vez que vimos Jesus falando explicitamente sobre nascer de novo? Foi no meio de uma madrugada para um velho príncipe chamado Nicodemos.

> E havia entre os fariseus um homem, chamado Nicodemos, príncipe dos judeus. Este foi ter de noite com Jesus, e disse-lhe: Rabi,

bem sabemos que és Mestre, vindo de Deus; porque ninguém pode fazer estes sinais que tu fazes, se Deus não for com ele. Jesus respondeu, e disse-lhe: Na verdade, na verdade te digo que aquele que não nascer de novo, não pode ver o reino de Deus. Disse-lhe Nicodemos: Como pode um homem nascer, sendo velho? Pode, porventura, tornar a entrar no ventre de sua mãe, e nascer? Jesus respondeu: Na verdade, na verdade te digo que aquele que não nascer da água e do Espírito, não pode entrar no reino de Deus. O que é nascido da carne é carne, e o que é nascido do Espírito é espírito. Não te maravilhes de te ter dito: Necessário vos é nascer de novo. O vento assopra onde quer, e ouves a sua voz, mas não sabes de onde vem, nem para onde vai; assim é todo aquele que é nascido do Espírito. (João 3.1-8)

Nessa passagem, vemos o velho Nicodemos visitando Jesus durante uma madrugada, um horário em que a busca por uma conversa com Jesus não lhe custaria a sua própria reputação ou atrairia crítica. Essa era a hora perfeita para Nicodemos demonstrar seu interesse por mais dos ensinamentos do Mestre sem correr o risco de ser julgado pelos outros fariseus. A verdade é que o velho *Nic* tinha vergonha de ser visto publicamente com Jesus porque o estilo de vida d'Ele confrontava toda a sua religiosidade. Mas, ao mesmo tempo que ele sentia vergonha, ele também ansiava por uma oportunidade de estar perto de Mestre e entender o que é que aquele homem de Nazaré carregava. Nicodemos era um homem bem vivido e muito estudado, mas, apesar de toda a sua vivência e conhecimento das Escrituras, nunca tinha visto os sinais e milagres sobrenaturais que Jesus fazia. Ele cresceu como um fariseu no judaísmo. Aquilo que ele estava testemunhando era algo que em toda sua vida ele apenas tinha ouvido falar ou lido em histórias de uma época muito distante. Nesse encontro com Jesus, o velho *Nic* estava basicamente falando: "Olha, eu sei que você está trazendo algo novo. Eu nem sei o que é, mas eu sei que é de Deus. E eu quero ter parte nisso".

Jesus entendeu o que ele estava querendo dizer. Nicodemos queria entrar no Reino, mas não sabia como fazer nem tão pouco articular o que ele queria. A verdade é que Nicodemos nem linguagem tinha para descrever o que sentia e o que gostaria. Através do ministério público de Jesus, ele percebeu que o Reino estava se manifestando em seu meio, mas ele também notou que a única forma de conhecer mais sobre esse Reino seria se aproximando de Jesus. O velho *Nic* tinha sido atraído pelo Evangelho do Reino e, sem perceber, estava se posicionando em conhecer o Rei e o Evangelho da Salvação.

Jesus identificou o desejo no coração de Nicodemos e, rapidamente, já deu uma resposta certeira revelando o segredo para entrar no Reino, que vai contra a lógica humana: "... te digo que aquele que não nascer de novo, não pode ver o reino de Deus". Imagine só você no lugar do velho *Nic* recebendo uma resposta dessa? Uma pessoa com uma perspectiva terrena poderia achar que Jesus estava sendo grosseiro, interpretando o que Ele disse como: "Você não pode ver o Reino de Deus.

Está velho demais. Só nascendo de novo para ter uma chance". Afinal, como alguém pode nascer de novo? É naturalmente impossível. Mas Jesus não estava falando do nascimento de uma perspectiva natural, porém de uma celestial:

> ... aquele que não nascer da água e do Espírito, não pode entrar no Reino de Deus. O que é nascido da carne é carne, e o que é nascido do Espírito é espírito. Não te maravilhes de te ter dito: Necessário vos é nascer de novo. (João 3.5-7)

O nascer da água e do Espírito é uma referência direta ao processo de arrependimento para entrar no Reino, uma mudança radical não só da mentalidade, mas também de um novo coração.

Consegue enxergar o padrão do Reino de trás para frente? A salvação não é o nosso destino, mas a porta de entrada para realmente viver o Reino ainda em vida. O evangelho do Reino é pregado publicamente para atrair as multidões até um lugar secreto, onde eles conhecerão o Rei em sua intimidade através da porta para o Reino, que é o próprio Cristo. Quando compreendemos esse padrão, dificilmente perderemos o foco da nossa missão, que é o alvo do qual o inimigo sempre tenta nos desviar. Satanás sabe que o Reino de Deus é inabalável. A cada segundo, o Reino de Deus está conquistando um coração, expandindo o seu território em uma casa, em uma universidade, em um consultório, em um escritório, em uma cidade, em um país e em cada continente deste mundo. Enquanto, você lê este livro, o Evangelho está sendo levado para povos que nunca ouviram o nome de Jesus, por meio de missionários e Bíblias. O Reino de Deus é como um fermento misturado à massa da sociedade e, com certeza, terá efeito e influência independentemente do tamanho da massa. O diabo não consegue parar o avanço do Reino. Está escrito em Mateus 16.18:

> ... edificarei a minha igreja, e as portas do inferno não prevalecerão contra ela.

Enquanto o Reino joga para ganhar, o inimigo joga para não perder. Porém, por mais que ele se esforce, ele não consegue evitar que pessoas sejam salvas, curadas, libertas, restauradas e amadas todos os dias. O Reino jamais para de avançar. E é por isso que estrategicamente o nosso inimigo se contenta em anular a efetividade da Igreja (*ekklesia*), atrasando o avanço do Reino ao fazer com que venhamos valorizar e dar mais importância a pregação do evangelho da Salvação do que o do Reino.

Naturalmente, o evangelho da salvação produz novos filhos e filhas, "bebês na fé", que precisam de cuidados para amadurecer. Um bebê não consegue cuidar de ninguém. Se ninguém oferecer cuidados, como alimentação, ensino e amor, ele irá morrer. Se a salvação não for acompanhada do entendimento de que somos coparticipantes com Cristo na expansão do Reino, não conseguiremos levantar homens e mulheres que serão embaixadores do Reino na sociedade. Será ineficiente a formação de pais e mães espirituais que gerarão transformação e novas conversões através da manifestação do Reino.

Não estou falando que não podemos pregar a cruz. Muito pelo contrário! Somos chamados para pregar a cruz, mas o que eu estou falando é que, quando pregamos mais o Cristo pregado na cruz do que o Cristo assentando no trono, nós impedimos que Jesus seja conhecido como Rei dos reis e, por consequência, retardamos a expansão do Reino e o amadurecimento da sua gloriosa noiva: a Igreja.

> Porque os judeus pedem sinal, e os gregos buscam sabedoria;
> Mas nós pregamos a Cristo crucificado, que é escândalo para os judeus,
> e loucura para os gregos. (1 Coríntios 1.22-23)

O próprio Paulo fazia exatamente o que Jesus fazia. Paulo pregava o Reino publicamente, e isso escandalizava tanto judeus como gentios ao ponto de o prenderem. O evangelho do Reino é uma mensagem tão confrontadora ao *status quo* de qualquer sociedade, que é capaz de provocar perseguição. Precisamos ter consciência de que a mensagem que carregamos como embaixadores do Reino é uma ameaça para os reinos deste mundo e que poderá fazer com que sejamos perseguidos, em algum momento, pela mídia ou pelo governo. Porém, a Bíblia diz que devemos celebrar, pois isso é uma das evidências de que somos bem-aventurados e que o Reino é nosso.

> Bem-aventurados os que sofrem perseguição por causa da
> justiça, porque deles é o reino dos céus. (Mateus 5.10)

Qual era o estilo de vida do apóstolo Paulo? Ele embarcava em um navio e ia para uma cidade, ficava lá, falava sobre o Reino de Deus, treinava os líderes, apontava os pastores, evangelistas e apóstolos, formava uma igreja e ia para outro lugar. Ele fez isso a vida inteira até ser encarcerado. Mas era nas casas e nas prisões, lugares longe dos holofotes e completamente restritos, que Paulo aproveitava a oportunidade para ensinar sobre a salvação. Ele entendeu o padrão de Jesus e o aplicou durante todo o seu ministério. Ele pregava o Reino, e, quando pessoas se achegavam a ele para serem seus discípulos, ele dizia assim: "Senta aí que eu vou te ensinar teologia. Eu vou te ensinar quem é Jesus. Vou ensinar porque Jesus veio". Ele ensinava tudo isso dentro de casa, em local privado. Dentro da prisão, Paulo também não deixava de ensinar. Ele usava o seu tempo de cativeiro para eternizar o seu ensino para as futuras gerações, escrevendo mais da metade do Novo Testamento e boa parte do que, centenas de anos depois, se tornaria parte da base da teologia da igreja neotestamentária.

Temos de saber como pregar publicamente e como ensinar no secreto. Qual é a diferença entre pregar e ensinar? O "pregar" é o anúncio público. Lá fora pregamos o Reino que é paz, justiça e alegria no Espírito Santo. Agora, dentro de casa, ensinamos Jesus Cristo. O "ensinar" corresponde a instruir para a mudança, treinar e equipar os santos. É por isso que os cinco ministérios existem dentro da Igreja. Também é importante ressaltar que tanto para a pregação como para o ensino existem linguagens diferentes. Temos as conversas e linguagens que são para casa e as que são para os ambientes públicos. Muitas vezes, comprometemos a comunicação das Boas Novas porque confundimos as linguagens, fazendo o oposto do que Jesus fazia. Sem perceber, criamos barreiras de comunicação quando vamos às ruas, ao trabalho ou às salas de aula falando de Jesus, usando de expressões e jargões cristãos que são mais adequados quando estamos em família. Quando vivemos uma vida que expressa valores do Reino, que são bem recebidos universalmente, nós conquistamos influência para falar do Reino em ambientes de destaque mesmo sendo pessoas comuns. Despertamos, dessa forma, a curiosidade de outros "Nicodemos".

Se tem alguém que fez isso com maestria foi o meu amigo Silas. Ele, ex-camisa 10 da Seleção Brasileira na Copa de 1986, campeão brasileiro pelo São Paulo Futebol Clube e parte do time dos Menudos, considerado um dos melhores times que o São Paulo FC já teve, sempre foi um cristão autêntico e muito posicionado dentro e fora do campo. Ele não ensinava Jesus de maneira alienada ou impositiva, porque os valores e princípios do Reino falavam mais a seu respeito e lhe creditavam mais influência do que qualquer tentativa de convencimento que pudesse fazer acerca da pessoa de Cristo.

Certa vez, numa conversa, o Silas me contou que começou a carreira bem novinho, e com 19 anos já estava na Seleção Brasileira de Juniores. Nessa época, em 1985, ele, juntamente com a equipe, participou da preparação para o Sul-Americano no Paraguai e depois do mundial na Rússia. Eles foram campeões nas duas modalidades. Como era de costume, durante as competições, todos os jogadores tinham intervalos para descanso, que eles aproveitavam para ir a festas, baladas e outros tipos de eventos privados. Entretanto, enquanto os seus amigos e companheiros de time saíam, Silas preferia não os acompanhar. Por esse motivo, Romário, um de seus companheiros de time, carinhosamente, o apelidou de Jesus. A brincadeira pegou e, apesar de respeitarem a sua decisão, eles acabavam nem o chamando para sair por saberem que ele não iria.

Algum tempo depois, o Silas foi para o profissional, representando o Brasil na Copa de 1986, e, um ano mais tarde, Romário, Bebeto e Jorginho se juntaram à mesma equipe. Nesse período, Zico, jogador e seu amigo há mais tempo, aconselhou Bebeto, que era novato, a se aproximar de Silas, que aceitou o conselho e começou a caminhar mais intencionalmente com ele, além do Jorginho, Mazinho e Bismark. Como Jorginho também era cristão, Romário passou a chamar Silas de Jesus 1 e Jorginho de Jesus 2. Com a aproximação e convívio cada vez maior do time, o Silas começou a criar ainda mais intimidade com eles, aproveitando todas as oportunidades para plantar sementes do evangelho nos corações de todos. De maneira leve, amorosa e pacífica, aos poucos, ele conquistava espaço para o Reino.

A nossa conversa continuou e o Silas prosseguiu me contando que, no último jogo de Romário pela Seleção Brasileira, após a partida, todos foram jantar em um restaurante. Romário sentou-se ao seu lado e disse: "Ô, Jesus... eu estou indo na igreja evangélica!". Silas, extremamente feliz, mas sem querer encurralá-lo com perguntas, decidiu apenas responder: "Poxa, que legal, Romário!". Passados alguns dias, o Silas decidiu presenteá-lo com um DVD do Michael W. Smith, que, na época, era o auge da música cristã.

Não fazia muito tempo, Romário havia se casado, e o Silas descobriu depois que sua esposa era evangélica também. Um amigo em comum dos dois jogadores lhe contou que Romário passou a ir frequentemente à igreja e que ele prestava atenção em cada palavra dita pelo pastor. No caminho de volta para casa, inclusive, ele sempre conversava com a esposa a respeito da mensagem compartilhada no culto. Hoje, faz muito tempo que os dois não conversam sobre isso, mas, independentemente do que esteja acontecendo, uma semente foi plantada. Sem imposição, discussão ou qualquer tentativa de provar algo para alguém, o meu amigo Silas manifestava o Reino e despertava o interesse de seus amigos por meio do futebol, e é isso o que eu chamo de Reino fora da Igreja.

Eu creio que o Senhor está querendo trazer para a Igreja o entendimento de que o evangelho do Reino deve ser a nossa prioridade. Você não precisa de um microfone para pregar o Reino publicamente. Basta viver uma vida que expresse um bom testemunho dentro do ambiente para o qual Deus lhe chamou para ocupar. Se você servir as pessoas com os princípios da Cultura do Reino, você despertará nelas a fome pelo Reino. Uma vez feito isso, prepare-se, porque você terá pessoas te visitando às 2 horas da manhã dizendo: "Como eu posso ter parte nisso?".

CAPÍTULO 6

O REINO AGORA E O REINO QUE ESTÁ POR VIR

Quando Jesus ensinava sobre o Reino de Deus, Ele sempre falava de duas formas diferentes: o Reino de Deus como um evento futuro e também o Reino como uma realidade presente. Enquanto esteve aqui na Terra, para Jesus era de extrema importância que as pessoas escutassem acerca do Reino, aprendessem sobre ele e o experimentassem. Em todos os evangelhos sinóticos – os evangelhos que possuem grande quantidade de histórias em comum – podemos notar que Jesus sempre proclamava o Evangelho do Reino juntamente com a sua demonstração no âmbito físico. Fosse através de curas, milagres ou libertação de opressão demoníaca, Jesus sempre demonstrava aquilo que Ele ensinava e permitia que as pessoas tivessem contato com o Reino que era chegado.

Mais tarde, o apóstolo Paulo, seguindo esse padrão de Jesus, lembrava à Igreja de Corinto:

> Pois o Reino de Deus não consiste de palavras, mas de poder.
>
> (1 Coríntios 4.20 - NVI)

O que vemos como ênfase, tanto no ministério de Jesus como no ministério de Paulo, é que a proclamação do Evangelho não era suficiente. Não me leve a mal, a proclamação do Evangelho é essencial , mas como o próprio Paulo disse, também existe poder no Reino de Deus. Não apenas escutar a Palavra de Deus, mas também testemunhar a própria Palavra em ação. A Bíblia diz em João 1 que Jesus se tornou o Verbo. Em algumas traduções, aprendemos que Ele se tornou a Palavra em si. A Palavra que você podia enxergar, tocar e experimentar.

Em um mundo atualmente tão visual, além de auditivo, onde as redes sociais mais usadas são as que carregam imagens e vídeos, quem sabe a ênfase com a Palavra de Deus não deva apenas ser para escutá-la, mas também para enxergá-la? Jesus permitiu que as pessoas que entravam em contato com seu ministério não apenas escutassem, mas enxergassem a mensagem. É a abordagem da Palavra através da proclamação, mas também pela manifestação poderosa dela.

Podemos observar nos Evangelhos que Jesus, vez após vez, seguia o padrão de anunciar o Reino e demonstrá-lo de maneira palpável.

> Desde então, começou Jesus a pregar e a dizer: Arrependei-vos, *porque é chegado o Reino dos céus.* (...) E percorria Jesus toda a Galileia, ensinando nas sinagogas, pregando o evangelho do reino, e curando todas as doenças e enfermidades entre o povo. (Mateus 4.17-23 – ARA – grifos do autor)

Mas, se eu expulso os demônios pelo dedo de Deus, certamente a vós *é chegado o reino de Deus*.(Lucas 11.20 – grifos do autor)

Ao anoitecer foram trazidos a ele muitos endemoninhados, e ele expulsou os espíritos com uma palavra e curou todos os doentes. (Mateus 8.16 – NVI)

Sabendo disso, Jesus retirou-se daquele lugar. Muitos o seguiram, e ele curou todos os doentes que havia entre eles. (Mateus 12.15 – NVI)

Ao pôr-do-sol, o povo trouxe a Jesus todos os que tinham vários tipos de doenças; e ele os curou, impondo as mãos sobre cada um deles. (Lucas 4.40 – NVI)

... mas as multidões ficaram sabendo, e o seguiram. Ele as acolheu, e falava-lhes acerca do Reino de Deus, e curava os que precisavam de cura.(Lucas 9.11 – NVI)

Se fôssemos resumir aquilo que seria o ministério público de Jesus, seria correto dizer que ele se baseia em quatro ações que o nosso Mestre fazia. Jesus pregava o Reino, Ele ensinava o Reino, Ele curava os enfermos e libertava os cativos. Jesus pregava o Reino quando Ele proclamava e profeticamente chamava o Reino à existência. Jesus ensinava acerca do Reino quando Ele explicava o que era o Reino e como ele funcionava ou operava e, em seguida, curava enfermos e libertava os oprimidos.

Agora, se olharmos além das ações de Jesus e suas manifestações, e focarmos naquilo que seria a mensagem central que Ele proclamava, encontramos um resumo bem objetivo no primeiro capítulo de Marcos.

> ... veio Jesus para a Galileia pregando o evangelho de Deus e dizendo: O tempo está cumprido, e *é chegado o reino de Deus*. Arrependei-vos, e crede no evangelho.(Marcos 1.14-15 – ARA – grifos do autor)

Analisando o resumo que Marcos nos traz, vemos os quatro pontos principais da mensagem que Jesus proclamava enquanto estava aqui na Terra. Jesus falava que o tempo estava cumprido. Depois disso Ele nos lembra que o Reino é chegado. Na sequência, nos ordena ao arrependimento e, finalmente, nos chama a crer no Evangelho.

Desses quatro pontos que resumem o ministério de Jesus, o central é que o Reino de Deus é chegado e está entre nós. O tempo está cumprido porque o Reino é chegado. E já que o Reino é chegado, para que venhamos discernir e reconhecê-lo em nosso meio, devemos nos arrepender. Arrependimento significa mudança de mentalidade (*metanoia*). Jesus nos chama para abrir mão do rótulo, largar os nossos preconceitos para nos achegarmos ao Reino com olhos frescos, abertos e vulneráveis como de criança. Assim, iremos reconhecer a chegada e a presença do Reino. Uma vez que temos a consciência do Reino, devemos crer nas boas novas de que o Reino está entre nós e ao nosso alcance.

Todo ensino e todas as obras de Cristo apontam para a chegada do Reino em nossa sociedade. Porém, quando Jesus entra em cena e diz "o tempo está cumprido", Ele cria uma tensão na vida de todos os que esperavam o Reino de Deus e o Seu Rei, porque o que Ele está dizendo, em outras palavras é: "Eu sou o cumprimento das promessas. Eu sou o Messias que vocês esperavam que iria chegar no fim dos tempos". Acabou a espera. A tão esperada Era vindoura, o fim do domínio de Satanás havia chegado, Jesus estava dizendo que tudo isso agora era uma realidade presente. O Reino dos Céus estava invadindo a Terra. E isso foi algo extremamente chocante, pois ia completamente contra a expectativa que os judeus tinham sobre o Messias, quando e como Ele viria. Era necessária uma renovação profunda da mente.

Para entender melhor as expectativas do povo judeu sobre o fim dos tempos, precisamos entender o Reino de Deus de acordo com as expectativas messiânicas dos judeus. Para isso, precisamos voltar um pouco para o Velho Testamento, para a época do Rei Davi. Por que começar por Davi? Porque tudo no Velho Testamento, eventualmente, converge para Davi, uma vez que ele foi o maior rei de Israel, governando no período da maior glória da nação. Ele se tornou o modelo para Israel do que é ser um rei ungido por Deus e segundo o Seu coração. Sendo assim, quando houve um declínio nesse cenário após o reinado do rei Salomão, instalou-se uma esperança em Israel para o futuro, com Davi sendo o padrão sobre o qual essa esperança fora estabelecida. O Reino de Davi no passado era idealizado e projetado para o futuro. Para os judeus, o futuro não poderia reservar nada que estivesse abaixo do padrão estabelecido por Davi. E é debaixo desse entendimento que a expressão "Reino de Deus" surge, simbolizando o fim do governo de Satanás sobre a humanidade e o começo do reinado de Deus sendo estabelecido na Terra. Então havia uma grande expectativa de que esse era o momento em que Deus viria, trazendo consigo o fim do sofrimento do Seu povo.

O que os judeus esperavam com a chegada do Reino? Eles aguardavam o final dos tempos com a gloriosa chegada de um Rei guerreiro como Davi foi, alguém que manifestaria poder, triunfo e grandes sinais para subjugar os povos e nações da Terra. Quanto maior fosse a manifestação do poder e da majestade do Messias, maior seria a certeza de quem Ele realmente era. Seria algo tão poderoso que colocaria temor no coração de todos os reis deste mundo e exaltaria Israel sobre todos os reinos. Porém, Jesus fez o oposto do que esperavam. Ele trouxe o Reino de Deus, e não o reino de Israel. Não havia flexibilidade nas expectativas do povo judeu, e Jesus não se encaixava nelas. Na verdade, Jesus não se encaixava nem um pouco nessa expectativa. Nada a respeito d'Ele estava "certo"! Eles viam que Jesus ensinava em Seu próprio nome, expulsava demônios em Seu próprio nome, exercia poder e autoridade na Sua própria maneira de fazer as coisas e até trazia a Sua interpretação sobre a lei e os profetas. Mesmo fazendo boas obras, ele fazia tudo da forma "errada". Os judeus esperavam um Rei que ensinasse e validasse a Torá, e não que ensinasse uma nova teologia. Jesus não havia feito nada "certo" para se encaixar na descrição que eles tinham de Messias. Ele não nasce no lugar "certo", em um palácio, mas sim em um estábulo. Ele não cresce nos lugares "certos". Ao invés de crescer na cidade do Rei, ele cresce no Egito, uma nação estrangeira que escravizou seu povo no passado, e depois em Nazaré, uma cidade de má fama na região da Galileia. Ele não estuda nas escolas "certas". Ele nem mesmo andava com as pessoas "certas"! O tão esperado rei não era um guerreiro, um sacerdote ou um líder político como Davi, mas um carpinteiro que passava o seu tempo com os marginalizados, pobres e pecadores. O que Ele poderia ter a ver com o Reino de Deus? Aos olhos humanos, Jesus não estava apto para ser um nobre, muito menos o Messias. Por esses motivos o nosso Rei e Salvador não poderia ser outro, senão Ele. Jesus mostrou a todos que podemos fazer aquilo que Ele fez, desde que tenhamos o Seu Espírito e a revelação de que não somos deste mundo.

A personalidade de Jesus causava tanto estranhamento que até mesmo João Batista tinha dúvida ao ponto de enviar seus discípulos para perguntar se Jesus era mesmo o que havia de vir ou se deveriam esperar outro.

> E João, chamando dois dos seus discípulos, enviou-os a Jesus, dizendo: És tu aquele que havia de vir, ou esperamos outro? E, quando aqueles homens chegaram junto dele, disseram: João o Batista enviou-nos a perguntar-te: És tu aquele que havia de vir, ou esperamos outro? E, na mesma hora, curou muitos de enfermidades, e males, e espíritos maus, e deu vista a muitos cegos. Respondendo, então, Jesus, disse-lhes: Ide, e anunciai a João o que tendes visto e ouvido: que os cegos vêem, os

coxos andam, os leprosos são purificados, os surdos ouvem, os mortos ressuscitam e aos pobres anuncia-se o evangelho. E bem-aventurado é aquele que em mim se não escandalizar. (Lucas 7.19-23)

Jesus não se encaixava nem mesmo nas grandes profecias de juízo que João havia profetizado. E nem pretendia se encaixar. Até mesmo seus discípulos não entendiam completamente essa diferença entre quem Jesus era e quem eles esperavam que Ele fosse. Até a Sua morte foi contraditória! Um Messias crucificado era uma contradição! Como um símbolo de poder e glória, ele não deveria morrer, ainda mais por meio da crucificação, a pior e mais humilhante pena de morte que podia ser executada a um homem. Jesus nem mesmo morreu da maneira "certa"!

Por que Ele não podia agir como um Deus só um pouquinho? Para revelar a glória do Seu Reino inabalável, Jesus precisou viver um estilo de vida que abalava os padrões de qualquer sociedade. "Loucura para os homens. Poder de Deus para os que creem" – Esse poderia facilmente ter sido o *slogan* de Jesus e seu Reino –. Porque a cultura do Reino é um escândalo para qualquer sociedade fundada por homens. Não me surpreenderia se, nos dias de hoje, a nossa sociedade rejeitasse e perseguisse Jesus. Por mais modernos que possamos achar que somos, o estilo de vida do Reino sempre será contracultura. Jesus falava: "Vejam! O Reino de Deus é chegado!". E as pessoas se perguntavam: "Onde? Cadê o Messias?". O ensino e as obras de Jesus respondiam: "Aqui!".

O REINO AGORA

Jesus constantemente proclamava e demonstrava o Reino nos contextos de dois tempos. Ao ler os Evangelhos, enxergamos Jesus indicando diversas vezes que o Reino está à disposição agora.

Ao passo que o Reino está neste mesmo instante ao nosso alcance, Jesus também indica que há um momento em que o Reino virá de maneira plena! Se observarmos as atitudes de Jesus, a cada cura de enfermidade, a cada milagre feito, a cada instante onde o perdão radical é expressado, a cada momento em que a compaixão é demonstrada, a cada libertação de opressão e a cada demônio expulso, mais território estava sendo tomado no espírito. Ele mostrava que o Reino havia sido inaugurado na Terra e seu reinado estava em vigor ganhando território, enquanto as obras do império das trevas eram desfeitas. Se o inimigo veio matar, roubar e destruir (João 10.9), Jesus desfazia essas obras combatendo a injustiça, a pobreza e a morte.

Em Jesus, o Deus encarnado, a humanidade estava experimentando a presença do futuro de Deus. Nosso Mestre Jesus não apenas nos apontava com suas palavras como seria o futuro com o Reino estabelecido de maneira plena, mas aguçava o nosso apetite para sonharmos com esse Grande Dia através de suas obras sobrenaturais. Jesus estava nos dando um aperitivo de como esta Terra será depois da segunda vinda de Cristo. Esse Reino, que como filhos e filhas do Rei estamos vivendo, e que Jesus demonstrava, era um prenúncio do que estaria por vir; um relance do que haverá no futuro onde veremos isso de maneira plena. Desta forma, hoje mesmo esse Reino já está à nossa disposição.

Na época de Jesus, Deus confirmava que o Seu próprio Filho era o seu representante real e legal do Reino aqui na Terra (Hebreus 2.2b-4). Quando a mão de Jesus tocava o morto e a ressureição acontecia, quando sua palavra combatia a injustiça social, quando os leprosos eram restaurados e a misericórdia era demonstrada aos marginalizados, o respaldo do Pai era nítido sobre a vida de Jesus.

Uma ilustração que nos ajuda a entender muito bem esse fato é o desembarque das tropas Aliadas nas praias da Normandia durante a Segunda Guerra Mundial, conhecido como Dia D. O Dia D, também chamado de Operação *Overlord*, aconteceu no dia 6 de junho de 1944 e marcou o início da liberação da França do domínio dos nazistas e também o início do fim da guerra. Naquele dia, as tropas Aliadas estabeleceram um ponto fixo na Normandia, no qual eles plantaram a bandeira dos Aliados, passando a seguinte mensagem para os nazistas: este território é nosso. Após 20 horas de confronto, os Aliados conquistaram o território de uma maneira tão veemente que o futuro da guerra se tornou inquestionável. A vitória dos Aliados sobre o Regime Nazista de Adolf Hitler já era certa. A vitória já havia sido conquistada e a sua consumação era só uma questão de tempo.

No ano seguinte, haveria outro dia muito especial na Segunda Grande Guerra, chamado de Dia-V, simbolizando o dia da vitória, no dia 8 de maio de 1945. Embora esse dia tenha sido importante, após o Dia D nunca houve dúvida de que ele chegaria. Tudo havia sido decidido no Dia D. Não houve questionamento se vidas ainda seriam perdidas, se batalhas ainda seriam travadas, mas a vitória já havia sido conquistada no Dia D. E é exatamente assim que o Novo Testamento entende o Reino de Deus. Na vinda de Jesus, Deus plantou a Sua bandeira no território do inimigo e disse: "Este planeta é meu. Eu o reivindico". Por meio da ressurreição, Ele declarou que haveria um "Dia V" em que Ele iria consumar o que Ele já havia começado.

Até o dia chegar, o nosso Senhor continua enviando suas tropas de filhos e filhas para ganharem mais e mais territórios da mesma maneira que Ele fazia, através da verdade da Palavra, do amor do Pai e do poder do Espírito Santo. Nunca foi da vontade de Deus que essa expansão do Reino aqui na Terra terminasse com Jesus. Na verdade, o Pai, na pessoa de Cristo, inicia uma revolução que mais tarde é continuada pelos 12 apóstolos e hoje por nós, a Sua igreja apostólica. Este privilégio de fazer parte da expansão do Reino de Deus aqui na Terra não é só para aqueles que são chamados para a esfera da Igreja, mas para todos que recebem o Senhor Jesus como Rei. Ainda temos muitos lugares para fincar a bandeira do Reino e anunciar as boas novas de que Cristo já conquistou o mundo.

Se você está lendo isso e sabe que não é chamado para a montanha ou esfera da Igreja, mas carrega a convicção de que o Espírito Santo o chamou para expandir o Reino, saiba que como nunca antes precisamos da sua iniciativa de estabelecer o Reino na montanha que Deus lhe enviou. Na verdade, tantas nações ainda não foram discipuladas apesar de possuírem igrejas gigantescas. Em algum momento, abraçamos a mentira de que é mais "espiritual" conquistarmos a montanha da Igreja do que as outras. Hoje precisamos categoricamente de pessoas expandindo o Reino de Deus na montanha da Família; da Política e Governo; das Artes e Entretenimento; dos Negócios e Economia; da Educação; das Ciências; e da Mídia e Comunicação. Todas as sete montanhas que compõem a estrutura básica de uma sociedade precisam ser ocupadas por cidadãos do Reino que manifestam a Sua cultura com autoridade e poder. Jesus nos fala que todo o crente pode pregar o Reino, curar enfermos, libertar cativos e expulsar demônios. Não é só o pastor, o missionário ou o líder de louvor que são os embaixadores do Céus na Terra. Todos nós podemos e devemos fazer isso. Precisamos de cientistas, empresários, advogados, médicos, cineastas, atletas e políticos representando o Reino em nossas sociedades.

O nosso Rei nos ensina que a prova de que o Reino dos Céus está aqui é que nós podemos curar enfermos, ressuscitar mortos e expulsar demônios. Agora Ele divide conosco a responsabilidade e nos comissiona, assim como comissionou os seus discípulos, até o seu retorno, que ninguém sabe quando acontecerá.

> E, indo, pregai, dizendo: É chegado o reino dos céus. Curai os enfermos, limpai os leprosos, ressuscitai os mortos, expulsai os demônios; de graça recebestes, de graça dai. (Mateus 10.7-8)

O REINO QUE ESTÁ POR VIR

Através de Jesus, Deus inaugurou e legitimou o início do seu reinado entre nós por meio de um Rei que era 100% homem e 100% Deus. Porém, este Rei só consumará a plenitude deste Reino no dia da Sua volta. Sim, é verdade que Jesus inaugurou o Reino e que esse Reino está ao nosso alcance agora. Mas sejamos coerentes em observar que o sofrimento ainda existe. Neste mundo ainda há aflições. Até hoje há injustiças, dores e tribulações, que continuam mesmo depois de nossa conversão ao Reino. Ainda que o Reino esteja como uma pitada de fermento se espalhando pela massa deste mundo, ele só virá em sua plenitude no futuro.

> Eu lhes disse essas coisas para que em mim vocês tenham paz. Neste mundo vocês terão aflições; contudo, tenham ânimo! Eu venci o mundo. (João 16.33 – NVI)

É na segunda vinda do nosso Rei que veremos a erradicação completa das injustiças e dos sofrimentos que vêm como ônus deste mundo falido, mas que um dia será restaurado completamente. Até o seu retorno, assim como o Senhor da parábola dos talentos, Ele nos confiou a missão de cuidarmos da expansão dos seus negócios. Somos chamados a não escapar desta Terra até que Ele venha, mas sim ocupá-la.

> Certo homem de nobre nascimento, partiu para uma terra longínqua, com o objetivo de ser coroado rei de um determinado reino e

regressar. Convocou dez dos seus servos, a cada um confiou uma moeda de ouro e orientando a todos lhes disse: "ocupem o lugar até que eu volte". (Lucas 19.12-13 – Tradução livre da versão New King James)

"Ocupar", nesse contexto, significa não apenas preencher o lugar de alguém, mas também representar e conduzir os negócios dessa pessoa ativamente. Assim como o homem nobre, o nosso Senhor nos confiou os Seus negócios e o Seu território para expandir aquilo que nos foi comissionado,com a ajuda do Espírito Santo, que nos guiará em toda verdade.

Mas quando o Espírito da verdade vier, ele os guiará a toda a verdade. Não falará de si mesmo; falará apenas o que ouvir, e lhes anunciará o que está por vir. (João 16.13 – NVI)

É vivendo entre esses dois tempos – o agora e o que está por vir –, que percebemos o quanto Ele nos ama e nos confia os Seus negócios para que o administremos como bons mordomos. Ele nos tem dado a influência e a autoridade necessárias para transformarmos a vida das pessoas de maneira individual e coletiva, apresentando o Reino de Deus. É chegado o momento de exercermos e multiplicarmos essa influência e autoridade, espalhando o Reino de Deus para fora das quatro paredes da igreja, epreparando a Terra para que Jesus, o Rei, traga o Reino em Sua plenitude e, então, reinaremos junto com Ele.

ABRAÇANDO A TENSÃO

Nós sabemos que temos de abraçar a tensão entre o Reino presente e o Reino que está por vir. Mas o que é isso na prática? Por onde devemos começar? Primeiramente, é necessário entendermos que vivemos essa tensão debaixo da soberania de Deus, e essa invasão dos Céus na Terra não é necessariamente como uma ciência humana, que é previsível e racional. A verdade é que nem todos irão receber uma intervenção divina como gostaríamos que recebessem. Oramos por milagres, cremos na intervenção do sobrenatural no nosso mundo natural, porém não é segredo para nenhum cristão que nem sempre os milagres e as curas acontecem. Quando eles acontecem, somos tomados de alegria e gratidão, mas quando não acontecem, devemos entregar tudo na mão soberana de Deus, sendo que, em alguns momentos, vamos até chorar com os que choram. Alguns cristãos, por não aceitarem essa tensão entre a presença do Reino agora e sua plenitude que virá, optam por crer que os milagres não acontecem mais nos dias de hoje. Eles argumentam que os milagres eram só para a época de Jesus e para os primeiros apóstolos na Igreja de Atos. Eu entendo que, diante do mistério do Reino e da imprevisibilidade do sobrenatural, é mais fácil e lógico crer nisso, mas, no momento em que um milagre ou uma cura acontecem, esse argumento cai por terra.

Vivemos essa tensão quando nos colocamos em situações em que precisamos que o Reino invada a nossa realidade, quando cumprimos com o que o nosso Senhor nos comissionou. Assim, desenvolvemos em nós uma mentalidade saudável para viver entre a tensão do Reino presente e o futuro.

Nós devemos orar pelos enfermos entendendo que muitos serão curados, mas alguns não serão, e essa incógnita faz parte do mistério do Reino. Viver nessa tensão do mistério do Reino é entender que eu tenho de fazer a minha parte em orar pelos enfermos, e entender que o Senhor, na sua soberania, sabe o momento ou a razão de alguns serem curados, alguns receberem milagres e terem suas necessidades supridas naquele momento e outros não. O ministrar com ousadia a oração por cura e milagres tem de ser a nossa cultura, independentemente do resultado final. Nossa parte é orar pelo enfermo, o restante fica nas mãos soberanas do Pai.

Para vivermos de maneira saudável na tensão dos dois tempos, é necessário entender a importância de fazer obras de justiça e compaixão para restaurar a sociedade falida. Jesus não apenas revelou o poder sobrenatural do Reino, mas também a Sua Justiça. Os pobres eram servidos, os oprimidos eram libertos, os injustiçados tinham sua justiça de volta, e as mulheres marginalizadas eram incluídas na sociedade, porque o Reino estava lá. Agora, quando Jesus sai, os apóstolos continuam essa obra. Nós, como Igreja, somos comissionados a continuar a fazer justiça. Da mesma maneira como nem todos os enfermos pelos quais oramos são curados, nem toda pessoa para quem estendermos a mão sairá da pobreza e da injustiça.

Por mais que creiamos que o Reino está à disposição para trazer libertação ao cativo e liberdade ao oprimido, o mundo continua injusto. Ainda existem pessoas oprimidas e em sofrimento. Alguns cristãos preferem se alienar em suas bolhas evangélicas e ignorar que, apesar do Reino estar aqui e agora, o sofrimento ainda existe no mundo. Muitos outros enxergam a presença do Reino através de uma abordagem triunfalista, na qual o Reino das Luzes sempre será manifesto despedaçando e triunfando agora, antes da volta de Cristo, sobre todas as investidas das trevas na Terra. Eles creem que, se a transformação, o milagre ou a cura não acontecerem agora, há algo de errado conosco. Provavelmente é falta de unção da parte de quem está orando, ou é a falta de fé de quem recebe a oração, ou é um pecado escondido. Seja qual for a razão, não existe espaço para mistério e, certamente, essa vivência na tensão do agora e do que está por vir não é celebrado, e sim descartado.

Deus nos põe estrategicamente como Igreja nesse ponto de tensão para que nunca venhamos a permanecer na zona de conforto. Existe segurança e um avanço natural que essa tensão nos proporciona. Viver entre os dois tempos nos protege e evita que pratiquemos um cristianismo de extremos. Sem cair para o lado do ceticismo e da incredulidade em relação a atualidade dos dons e do sobrenatural, e, ao mesmo tempo, sem descambar para o outro extremo, que é crer que, se não vivermos o triunfo do Reino invadindo a Terra em todas as circunstâncias agora, existe algo de errado em nós.

Não existe dúvida de que teremos lutas, dificuldades ou problemas, mas temos a certeza de que não importa o que aconteça, nós venceremos. Se vivemos, vencemos. Se morremos, vencemos também. E vencemos porque Deus já venceu por nós! O desafio agora é, simplesmente, aguardar a consumação de todas as coisas. Enquanto isso, Ele nos convida a participar de uma missão para eliminar o restante dos inimigos e expandir o Seu Reino até a Sua volta. É nessa missão que estamos envolvidos! Nossas vidas até podem ser perdidas no processo, mas e daí? Não se pode matar alguém que já morreu para si.

> Aguardo ansiosamente e espero que em nada serei envergonhado. Ao contrário, com toda a determinação de sempre, também agora Cristo será engrandecido em meu corpo, quer pela vida, quer pela morte;porque para mim o viver é Cristo e o morrer é lucro. (Filipenses 1.20-21 – NVI)

O nosso chamado é ocupar todos os reinos deste mundo até que Ele volte e submeta os reinos deste mundo ao Seu Reino. Nós nascemos para um tempo como este. Não importa quantos anos de vida você tenha hoje, se você respira e crê que Cristo é o seu Rei, você faz parte da geração que levará o governo de Deus aos quatro cantos da Terra, revelando que neste mundo apenas um reino permanece inabalável.

Eu creio que, quando nós abraçamos de maneira saudável a tensão do Reino de Deus, que já está aqui e que está por vir, sem procurar por respostas rápidas, mas nos abrindo aos mistérios que só teremos conhecimento total na glória, nós permitiremos que o futuro invada o nosso presente! Deus já triunfou e nos garantiu que, com as chaves do Reino dadas a nós, podemos acessar a vida em abundância. É por isso que o Reino de Deus é loucura para os homens. Os nossos valores não são ditados pelo presente, mas pela realidade do Reino futuro que temos acesso hoje. Nós não temos de lutar para assegurar o nosso futuro: o Reino de Deus é chegado.

CAPÍTULO 7
AS EXPRESSÕES DO REINO

Imagine só um lugar onde a atmosfera de paz, justiça e alegria são palpáveis. Uma cidade onde todos os cidadãos vivem com segurança e podem celebrar a vida, prosperar e realizar seus sonhos sem se preocupar com violência, corrupção, fome, pobreza ou escassez. Imagine um lugar em que toda a sociedade compartilha um sentimento de confiança e admiração pelo seu governo, pois seus governantes não são apenas competentes, mas comprometidos com Deus e os interesses de sua comunidade. Consegue visualizar um lugar no qual toda cultura, inovação e riqueza apontam para Deus, o Criador de todas as coisas, expressando beleza e inspirando a vida? Imagine uma cidade que é tão rica e avançada que nações e autoridades de todo o planeta vêm conhecer sua cultura e liderança. Pode parecer um sonho, mas essa era a realidade de Jerusalém durante o reinado do Rei Salomão.

A descrição dessa cidade pode soar como um pedaço do Céu na Terra. Algo muito bom para ser verdade. E eu concordo. Porém, o fato é que, possivelmente, Jerusalém foi a cidade mais transformada de todos os tempos. Ela é um testemunho histórico de que é possível estabelecer uma embaixada do Reino dos Céus aqui na Terra ao ponto de influenciar nações de todo o mundo. Ao longo deste livro, discorremos sobre o que é o Reino, qual é a sua cultura e porque devemos buscá-lo. Agora, neste último capítulo, vamos falar sobre como podemos manifestar e estabelecer este Reino aqui na Terra como verdadeiros embaixadores, assim como Salomão, Ester e Daniel foram. Cada uma dessas figuras bíblicas influenciou, no seu tempo e à sua maneira, o destino e a cultura das nações deste mundo demonstrando o coração e a natureza do nosso Rei por meio de sabedoria, beleza e excelência. A verdade é que o mundo está pronto para receber as boas novas e conhecer o Reino, se conseguirmos revelá-lO de forma sábia, bela e excelente.

SABEDORIA

A sabedoria é fundamental para que possamos manifestar e comunicar de forma inquestionável o valor da cultura do Reino e os propósitos do Rei para o Seu povo. É notável que o desenvolvimento econômico, político, social e espiritual pelo qual Israel passou se deve à sabedoria de Salomão. Como mencionei no início deste livro, a essência de um reino é o rei. E Salomão era um rei que carregava a sabedoria de Deus. Uma vez escutei um pastor experiente dizer: "Deus sempre constrói o indivíduo antes que ele construa a cidade". E foi isso que Ele fez com Salomão. Davi preparou seu filho e todos os recursos para que ele fosse bem-sucedido no futuro, antes mesmo de ele ter consciência de que seria rei um dia. Mesmo sabendo que o sucesso para reinar dependia das próprias decisões de seu filho, Davi quis preparar o caminho para que Salomão cumprisse 100% do seu chamado e carregasse o seu legado para as próximas gerações. Dessa mesma forma, Deus preparou o nosso caminho como realeza para reinar ao Seu lado quando enviou Seu filho para inaugurar o Reino na Terra e morrer por nós na cruz. Em Cristo, temos acesso a poder, influência, riquezas e sabedoria muito maiores do que as de Salomão.

É, porém, por iniciativa dele que vocês estão em Cristo Jesus, *o qual se tornou sabedoria de Deus para nós.* (1 Coríntios 1.30 – NVI – grifo do autor)

Quando Deus apareceu a Salomão em seus sonhos e lhe ofereceu qualquer coisa que quisesse, sabemos que Salomão pediu por um "coração entendido", em outras palavras, sabedoria. Porém, o que muitos de nós não sabemos é que a palavra hebraica para entendimento, utilizada no texto original de 1 Reis 3.9 é *shama*, que significa "ouvir". A sabedoria que Salomão buscava não era um entendimento extraordinário para ser um governante autossuficiente que teria todas as respostas, mas um coração humilde que soubesse ouvir o coração e a mente de Deus, Aquele que é a fonte de toda sabedoria.

> A teu servo, pois, dá um *coração entendido* para julgar a teu povo, para que prudentemente discirna entre o bem e o mal; porque quem poderia julgar a este teu tão grande povo? (1 Reis 3.9 – grifo do autor)

É por conta dessa revelação e experiência que Salomão pode afirmar, em Provérbios 9, "que o temor do Senhor é o princípio da sabedoria". O próprio Rei Jesus entendia esse princípio e realizava suas boas obras a partir dele. A chave da sabedoria é ouvir a Deus e buscar entendimento sobre a Sua vontade. Ele entendeu que ninguém poderia ter estratégia ou respostas melhores do que Deus e, por isso, não fazia nada sem antes entender o que Deus queria fazer.

> Mas Jesus respondeu, e disse-lhes: Na verdade, na verdade vos digo que o Filho por si mesmo não pode fazer coisa alguma, se o não vir fazer o Pai; porque tudo quanto ele faz, o Filho o faz igualmente. Porque o Pai ama o Filho, e mostra-lhe tudo o que faz; e ele lhe mostrará maiores obras do que estas, para que vos maravilheis. (João 5.19-20)

A sabedoria é algo que o mundo sempre esteve à procura. Líderes religiosos, grandes empresários, governantes, profissionais da saúde, cientistas, artistas, todos a desejam. Não importa a nossa religião, nacionalidade, raça ou gênero, todos nós estamos à procura dela, de alguma forma, para tornar a nossa vida melhor. Salomão a tinha em abundância, e o mundo sabia disso porque o seu Reino expressava isso. Nos dias de Salomão, grandes líderes deixaram seus reinos para que pudessem conhecer a glória de Jerusalém e aprender com a sabedoria do seu rei. Imagine reis e rainhas, presidentes, primeiros-ministros, empresários multimilionários vindo de todos os cantos do mundo para aprender como reinar em vida e transformar sociedades com os valores do Reino. Isso está ao nosso alcance hoje. Assim como Salomão, nós podemos despertar no coração das pessoas a fome e o desejo de conhecer a fonte de todas as respostas: Deus.

Em 1 Reis 10, temos o registro da visita da Rainha de Sabá ao reino de Salomão. De acordo com o primeiro versículo do capítulo, a rainha teria ouvido sobre a grande sabedoria do rei de Israel e viajado até ele com presentes, como especiarias, ouro, pedras preciosas e belas madeiras, pretendendo testá-lo com perguntas. Ela leva o melhor do seu reino só para ter o acesso e a oportunidade de inquirir Salomão e averiguar se realmente esse homem tinha a sabedoria que diziam ter. Depois que a rainha faz todas as suas perguntas, a Bíblia diz que ela ficou tão impressionada pela sabedoria de Salomão, e por tudo o que ela viu e experimentou naqueles momentos na presença dele, que não houve mais espírito nela.

> E Salomão lhe declarou todas as suas palavras; nenhuma coisa se escondeu ao rei que não lhe declarasse. Vendo, pois, a rainha de Sabá toda a sabedoria de Salomão, e a casa que edificara, e a comida da sua

mesa, e o assentar de seus servos, e o estar de seus criados, e as vestes deles, e os seus copeiros, e a sua subida pela qual subia à Casa do Senhor, não houve mais espírito nela. (1 Reis 10.3-5 – ARC)

O que mais me comove nessa passagem é ver uma rainha, que não conhece o Deus de Davi, Abraão, Isaque e Jacó, o Deus que Salomão serve, ser profundamente impactada pela cultura do Reino ao ponto de reconhecer a soberania de Deus e ainda dar seus recursos para a expansão do reino de Salomão. E ela vem de longe porque simplesmente quer averiguar se era verdade o que as pessoas falavam sobre Salomão. E quando chega, é inserida naquela cultura e se impressiona tão completamente que, como diz a palavra de Deus, fica sem palavras.

> E disse ao rei: Foi verdade a palavra que ouvi na minha terra, das tuas coisas e da tua sabedoria. E eu não cria naquelas palavras, até que vim, e os meus olhos o viram; eis que me não disseram metade; sobrepujaste em sabedoria e bens a fama que ouvi. Bem-aventurados os teus homens, bem-aventurados estes teus servos que estão sempre diante de ti, que ouvem a tua sabedoria! Bendito seja o Senhor, teu Deus, que teve agrado em ti, para te pôr no trono de Israel; porque o Senhor ama a Israel para sempre; por isso, te estabeleceu rei, para fazeres juízo e justiça. E deu ao rei cento e vinte talentos de ouro, e muitíssimas especiarias, e pedras preciosas; nunca veio especiaria em tanta abundância como a que a rainha de Sabá deu ao rei Salomão. (1Reis 10.6-10 – ARC)

É interessante perceber que a curiosidade da Rainha de Sabá começa com ela ainda em sua terra, escutando sobre a fama e a sabedoria de Salomão. Depois de ouvir tanto sobre esse rei, ela chega ao ponto de precisar ver Salomão e seu reino com seus próprios olhos e vai visitá-lo com a sua comitiva. O convencimento de que, verdadeiramente, Salomão era tudo aquilo que ela havia escutado só acontece depois que ela comprova com seus próprios olhos e atesta: "eis que me não disseram metade; sobrepujaste em sabedoria e bens a fama que ouvi". Vemos por esse relato que sim, o testemunho dito foi tão forte que a fez sair de sua terra com presentes ao rei, mas foi só quando a rainha se torna uma testemunha ocular que ela experimenta um convencimento profundo ao ponto de ela perder o ar.

A rainha de Sabá não apenas escutou, ela viu, ela enxergou. Talvez para nossa a geração o suficiente não seja apenas falar. Já parou para pensar que é possível termos mais efetividade expandindo a cultura do Reino quando, além de falarmos sobre ele, também o mostrarmos? Quem sabe neste mundo tão visual, com tantas redes sociais, tantos vídeos e tanto estímulo competindo pela atenção da nossa visão, não seja apenas o escutar da Voz de Deus que vá expandir o Reino, mas também o enxergar do Seu Reino entre nós.

Foi quando ela enxergou a sabedoria de Salomão na casa que ele edificara (arquitetura e engenharia), na comida da sua mesa (gastronomia), na presença de seus servos que estavam sempre diante dele (recursos humanos), nas vestes de seus empregados (moda) e na sua subida à Casa do Senhor (adoração) que ela ficou completamente impressionada. Sem ar ela se rendeu a uma cultura de Reino superior à sua. Foi a presença do Reino que a levou a um arrependimento (mudança de mentalidade).

Quando entendemos isso, vemos como Deus sabiamente nos fez à Sua imagem e semelhança. Algo comum nos reinados é ter bustos e estátuas do rei ou do imperador em diversos lugares do seu domínio. O raciocínio por trás desse costume é que o povo, ao ver a imagem do rei, lembre-se que aquele território e nação estão sob a proteção, influência e governo daquele que é similar à estátua. Na ausência física do rei, a presença da sua imagem vem providenciar lembrança e, de certa forma, visão acerca do reino. Quando o mundo olha para nós, deveria enxergar o Rei, pois nós carregamos a Sua imagem e semelhança. Sendo assim, talvez a maneira de vivermos o Reino aqui na Terra não deva se resumir à proclamação, mas sim a uma atenção especial dada ao que significa a presença poderosa dos filhos do Rei na sociedade.

Eu realmente creio que ainda viveremos e veremos dias em que nós, o povo de Deus, vamos demonstrar essa sabedoria em nossas casas, igrejas, universidades, escritório, consultórios, cidades e países, de tal maneira que pessoas virão de longe, simplesmente, para ver se isso é verdade. O mundo ao nosso redor anseia por ver a graça e o amor de Deus sendo manifestados pela forma como servimos ao próximo, pelas soluções práticas que daremos ao resolver conflitos, pelas descobertas de novas tecnologias e inovação que melhorarão a qualidade de vida e trarão desenvolvimento para a sociedade. Quando ouvimos o que Deus tem a dizer, nós acessamos a Sua perspectiva celestial para solucionar qualquer problema deste mundo abalável. Ao acessarmos a perspectiva celestial, acessamos a sabedoria do Rei que o mundo procura. A sabedoria nos dá poder para reinar, assim como a beleza.

BELEZA

A sabedoria de Deus também é testificada através da beleza. A beleza não é um padrão estético ou um conceito de aparência definido pelo ser humano, mas uma experiência com uma das expressões da glória de Deus, expressão essa que pode ser uma pessoa, um objeto, um lugar ou mesmo uma ideia. A contemplação dessas expressões de beleza pode nos levar a sentimentos de atração, bem-estar emocional ou até mesmo momentos de adoração.

Adorai ao Senhor na beleza da santidade; tremei diante dele todos os moradores da terra. (Salmos 96.9 – ARC)

Desde o princípio, a sabedoria tem acompanhado o nosso Deus na criação de todas as coisas. Tudo o que Deus criou tem inspiração em Sua sabedoria. As incontáveis constelações e astros do Céu, as imponentes montanhas no horizonte, as frondosas florestas, os grandiosos oceanos que envolvem as nações, cada criatura que existe, tudo carrega a digital do nosso criador. A beleza está em todos os lugares em que a sabedoria de Deus esteve.

Sempre que me lembro do poder da beleza para transformar uma sociedade, recordo-me da história da rainha Ester, que antes era uma menina, mas se tornou rainha porque era bela. Muitas vezes, a nossa mentalidade religiosa faz com que venhamos a, automaticamente ou inconscientemente, categorizar beleza como algo superficial, fútil e de menor importância. Minha intenção não é ser ofensivo, mas sei que para muitos religiosos, talvez, essa ênfase possa parecer fútil e rasa demais, mas tenho por mim que Deus se alegra e valoriza a beleza.

> Tudo fez formoso (belo) em seu tempo; também pôs o mundo no coração deles .(Eclesiastes 3.11 – ARC – ênfase do autor)

Não existe nada de superficial em querer ser ou criar coisas belas! Temos de nos conscientizar de que coisas belas honram ao nosso Pai e podem salvar vidas. Por muito tempo, abraçamos uma ideologia de que, quanto mais simples, pobres e baratos, mais humildade de coração nós somos. É como se provássemos a nossa espiritualidade por quanto menos beleza valorizássemos, quando na verdade esse espírito religioso camuflava a falta de apreço, falta de zelo e, em certos momentos, até um espírito de miséria. Refiro-me aqui a um estado de coração. Não me refiro ao valor monetário ou à plástica física. Em contrapartida, não devemos ser extremistas em pensar que a estética substitui a maturidade espiritual, o caráter ou até mesmo o respaldo da presença da unção.

Beleza é uma característica de Deus e sua criação. A beleza ajudou a definir muitas das facetas da criação. Toda expressão de beleza autêntica tem o poder de despertar, mesmo que inconscientemente, expressões de adoração. Quantas vezes nós já não nos pegamos fazendo, de forma inconsciente, algum comentário enquanto éramos surpreendidos pela beleza, sofisticação ou excelência de algo? Quantas vezes já não expressamos nossa admiração com um "Meu Deus!", "Uou!", "Que Incrível!"? Pode parecer engraçado, mas a Bíblia diz que a nossa boca fala do que o coração está cheio. Independentemente do que cremos, quando contemplamos algo que é realmente belo, a nossa alma sente necessidade de glorificar Àquele que é a fonte da verdadeira beleza.

Há cerca de mil anos, o príncipe Vladimir I de Kiev, o Grande, estava à procura de uma nova religião que seria capaz de agregar o seu povo. Ele precisava de uma crença que possibilitasse o processo de aculturação para que o seu reino fosse unificado. Como governante, ele reconhecia o poder da religião e da espiritualidade para manter uma sociedade unida debaixo dos mesmos princípios. Por conta disso, o príncipe enviou delegações aos países vizinhos para encontrar a religião que seria capaz de unir seu povo. O grupo enviado para Constantinopla foi a delegação que teve contato com o cristianismo. Chegando na cidade, o povo levou os soldados de Vladimir para um lugar onde adoravam o

Deus deles. Segundo os relatos do grupo, enquanto adoravam naquele lugar, eles não sabiam se estavam no Céu ou na Terra, pois em nenhum lugar haviam encontrado tamanha beleza. Os soldados não conseguiam se quer descrever o que viram e, por isso, sabiam que Deus habitava entre aquele povo.

Eu mesmo pude viver uma experiência parecida em uma viagem de férias que fiz com a minha esposa Junia. Nós fomos para a Itália conhecer o país, seus museus e pontos históricos. Lembro-me que, enquanto eu acompanhava a Junia em uma visita a uma catedral, eu contemplava os afrescos feitos nos tetos e paredes daquela igreja. Não tinha palavras para expressar a experiência de bem-estar emocional e admiração que sentia. A única coisa que conseguia dizer era: "Meu Deus! Isso é muito belo". E naquele momento, em que estava apreciando uma obra pintada na época da Renascença, um guia turístico se aproximou de nós e começou a falar da ideia da Igreja da época. Ele falava que a Igreja pagava e investia para que artistas pintassem aquelas obras porque ela realmente acreditava que, quando um ser humano está diante de algo belo, em algum momento, ele vai ter um encontro com o Criador. Curiosamente, descobri mais tarde que a palavra afresco tem sua origem no termo italiano *buona fresco*, que significa "boa nova". Foi, então, que entendi o que Deus quis dizer com toda aquela experiência: a expressão de beleza carrega o poder de comunicar as boas novas do Reino. O evangelismo se tornará algo natural à medida que a Igreja, o povo de Deus, tornar-se irresistível aos olhos do mundo.

Se a única coisa que contemplamos é o pessimismo e o não belo, sempre teremos a perspectiva da ausência de beleza na nossa visão de mundo. Se dermos espaço para uma nova percepção do que é o belo, teremos, então, Sua beleza para contemplar no mundo ao nosso redor. O pensador grego Platão já dizia: "A beleza está nos olhos daquele que contempla". Quando abrimos nossas almas para sermos atraídos pela beleza e quando descobrimos o que realmente amamos, significa que estamos ousados suficiente para sonhar os sonhos de Deus.

Esses são testemunhos do poder da beleza de Deus. Eu creio que este é o momento em que a nossa geração precisa questionar e falar: "Qual é o meu papel em demonstrar a beleza de Deus com as obras das minhas mãos e o fruto da minha vida de adoração?". Eu queria que você parasse para pensar nisso: Onde nós estamos expressando a beleza do nosso Criador? Acredito que chegou o tempo de nós voltarmos a ter apreço pela beleza para salvarmos vidas, assim como Ester. A rainha Ester era bela. E Deus fez de Ester uma mulher bela justamente para que ela ganhasse favor diante do Rei para salvar uma nação no tempo oportuno.

> E o rei amou a Ester mais do que a todas as mulheres, e alcançou perante ele graça e benevolência mais do que todas as virgens; e pôs a coroa real na sua cabeça, e a fez rainha em lugar de Vasti.(Ester 2.17)

A beleza é um atributo de Deus que toca a nossa alma e provoca transformações profundas em nossas percepções.

A verdadeira beleza não pede por atenção, mas mesmo assim ganha a confiança de todos que a encontram. De forma imperceptível, ela desperta admiração em nós e nos dá acesso a lugares que só pessoas íntimas teriam. A Bíblia disse que a rainha Ester não podia entrar na presença do rei sem que fosse chamada, pois isso significaria colocar sua própria vida em risco, uma vez que era judia e mulher. Hamã, um importante príncipe do império da Pérsia, resolveu destruir todos os judeus que havia no reino de Assuero por causa de Mardoqueu, primo e pai adotivo de Ester, que não se inclinava perante ele. Hamã vai até a presença do rei para convencê-lo do massacre, alegando que existia um povo que seguia leis diferentes, os quais não obedeciam a suas ordens. Ele instigou ao rei que não tolerasse que tal atitude. O rei tirou seu anel-sinete, que servia para carimbar as suas ordens, e o deu a Hamã, o inimigo dos judeus. No dia treze do primeiro mês, Hamã mandou chamar os secretários do palácio e ditou a ordem. Ele ordenou que fosse traduzida para todas as línguas faladas no reino e que cada tradução seguisse a escrita usada em cada província. E a ordem mandava também que todos os bens dos judeus ficassem para o governo. Ela foi escrita em nome do rei, carimbada com o seu anel-sinete e levada por mensageiros a todas as províncias do reino. A ordem era matar todos os judeus num só dia. Porém, quando Ester descobre o terrível plano de genocídio de Hamã para com o povo de Israel, ela decide usar da sua beleza para interceder pelo seu povo. A rainha usou da sua influência para convocar o povo a buscar a face do Senhor por meio do jejum.

A beleza promoveu um mover de santidade que desencadeou o favor do Rei do Céus. Depois de dois dias de jejum, o rei viu Ester parada no pátio e estendeu o cetro de ouro que tinha na mão em favor de Ester, permitindo que ela tivesse acesso à sua presença. O rei perguntou o que ela queria, e lhe disse que daria a ela até mesmo metade de seu reino. Ester, agindo com muita sabedoria, apenas o convidou juntamente com Hamã para participar de um banquete que ela havia preparado. Na ocasião do banquete, Ester solicitou permissão para preparar um segundo banquete no dia seguinte. No segundo banquete, Ester revelou ao rei que ela era judia, e que todo o seu povo estava sentenciado à morte. Ester também contou que Hamã era quem tinha tramado toda aquela maldade. O rei ficou muito furioso, deixou o banquete e foi para o jardim do palácio. Quando o rei retornou à casa do banquete, ordenou que Hamã fosse enforcado na própria forca que ele havia preparado para Mardoqueu. Como o rei não podia revogar o decreto anterior de Hamã, a rainha Ester conseguiu fazer com que um novo decreto autorizando os judeus a se defenderem fosse publicado. Assim, os judeus passaram a ter o direito à legítima defesa. A história de Ester mostra que, quando nós buscamos entender a vontade de Deus e expressá-la de uma forma bela, podemos adquirir o favor e o acesso necessários para transformarmos os reinos deste mundo.

É impossível falarmos de beleza ou sabedoria sem mencionarmos uma das mais poderosas expressões do Reino: a excelência.

EXCELÊNCIA

Cresci escutando que a excelência era o máximo a ser almejado. Não deveria mirar o bom, nem o muito bom, tampouco o perfeito, mas sim a excelência. Uma vez, ainda com 5 anos de idade, recordo-me de ter perguntado à minha mãe: "Mãe, o que é ser excelente?". Ela respondeu da melhor maneira que um garoto daquela idade poderia compreender: "É você chegar no nível mais, mais, mais, mais alto que você consegue chegar". Para mim, aquele significado fazia sentido. O significado de excelência, segundo o dicionário é: "superior, distinto, magnífico, ponto máximo. Excelência tem sua raiz do latim, excelere, que significa ponto alto, o topo ou a sumidade".

A Bíblia aborda esse assunto também. Se você ler as Escrituras, vai se deparar com trechos onde excelência é descrita, nada mais nada menos, como um dos atributos do próprio Deus. Excelência é parte da natureza e da composição d'Ele. No livro de Salmos 8.1, o rei Davi, com a intenção de exaltar o nome de Deus ao contemplar sua glória, diz:

> Ó Senhor, Senhor nosso, quão magnífico (excelente) em toda a terra é o teu nome! Pois expuseste nos céus a tua majestade.

Imagino eu que Davi, uma vez que foi coroado rei, tornou-se um homem poderoso que vivia um estilo de vida de majestade e opulência todos os dias. Ele devia acordar emaranhado em lençóis de linho egípcio. Provavelmente, assim que ele saía da cama, bebia um copo de água gelada do poço de Belém, prontamente servido por seu copeiro. Davi ia, então, ao seu banheiro real se deparar com um vaso sanitário de ouro e na sua pia se encontrava sua escova de dente com o cabo de prata. Visualizo Davi descendo para tomar café da manhã numa mesa de marfim gigante e rodeada por servos que o saúdam abanando leques gigantes feitos com penas de pavão. Enquanto ele se assenta à mesa, imagino seus servos cantando uma canção tradicional hebraica de bom dia, completamente afinados e divididos em quatro vozes. Um ser que vive exposto à prosperidade e poder no seu cotidiano, naturalmente, passa a não se impressionar com facilidade. A majestade e tudo o que vem com ela se tornam rotineiros e comuns. Mais chocante do que a magnificência do dia a dia de um rei é ler e entender que é justamente um ser como o rei Davi que, ao contemplar a maneira como *Yahweh Adonai*[1] expunha sua majestade, impressiona-se a tal ponto que lhe gera rendição. Davi se rende a algo tão maior do que tudo o que ele já viu na Terra e conclui: Deus é excelente!

Deus não foi considerado por Davi um Deus excelente por ser majestoso apenas. Davi via e desfrutava da majestade terrena e da opulência humana ao seu redor. O que chama a atenção do rei terreno é justamente a maneira de o Rei celestial expor a sua natureza. Neste salmo, Deus é louvado por Davi pela

---

1. "Yahweh Adonai" significa "O Senhor Deus". "Adonai" é o termo hebraico para "Senhor" ou "Soberano", enquanto que "Yahweh" é o termo hebraico para referenciar o nome de Deus apresentado a Moisés, no capítulo 3 de Êxodo: "Eu sou o que sou".

maneira como o Deus supremo se porta com toda sua majestade. Deus não expõe a sua majestade da mesma maneira que os reis da terra expõem, e isso, sim, Davi considerava excelente.

Provavelmente Davi, que antes era um humilde pastor de ovelha se que mais tarde conquistou muitas vitórias e experimentou o fruto do sucesso humano, tornou-se bem familiarizado com os dois lados da moeda. Ele conheceu os dois extremos e experimentou tudo o que a Terra tinha para oferecer entre essas extremidades. "Pois expuseste nos céus a tua majestade" indica, na sua essência, justamente o que significa excelência para o rei Davi. Aos olhos de Davi, não bastava ser majestoso. Não bastava carregar glória e ser realeza. Excelente é viver e praticar a majestade no ponto mais alto possível, de maneira superior, nos céus.

Levando em consideração que na cultura hebraica, quando se fala do nome diz respeito à natureza, Davi basicamente aponta a natureza de Deus e diz: Tu és excelente. Ele chega à conclusão que Deus tem natureza excelente, e isso é notório quando se observa como Deus se porta e como Ele administra os atributos que já carrega. Ser majestoso não era o único atributo de Deus. Mas interessante é que, nesse caso específico, Davi não ficou impressionado com o atributo ou com o dom, mas sim como Yahweh Adonai carregava, usava e administrava o atributo. Quem sabe essa conclusão não foi a mesma que Davi chega a ter quando ele orava no Salmos 25.4:

Mostra me os teus caminhos, Senhor! Quem sabe não foi a maneira de Deus carregar a natureza que fez o salmista parar e simplesmente admirá-lO.

A excelência de Cristo é exaltada e definida no Salmo 8 como magnífica. Existe até um aspecto profético nesse salmo que aponta para o maior ato de excelência. Deus é majestoso e soberano nos Céus, ou seja, tudo está debaixo de seu governo, e ainda fez em Cristo encarnado sua majestade na Terra. É isto que Davi também está contemplando nesse salmo – a forma como Deus traria a Sua glória na Terra.

O cumprimento do Salmo 8 acontece em Hebreus 2.5-18 quando Jesus encarnado assume a forma de homem, capacitando-o a sofrer pela humanidade.

> Vemos, porém, coroado de glória e de honra aquele Jesus que fora feito um pouco menor do que os anjos, por causa da paixão da morte, para que, pela graça de Deus, provasse a morte por todos. (Hebreus 2.9)

> Jesus se tornou sacerdote. Por isso convinha que em tudo fosse semelhante aos irmãos, para ser misericordioso e fiel sumo sacerdote naquilo que é de Deus, para expiar os pecados do povo. (Hebreus 2.17)

> ... se tornando nosso salvador, pois compartilho conosco a natureza humana. Porque, assim o que santifica, como os que são santificados, são todos de um; por cuja causa não se envergonha de lhes chamar irmãos. (Hebreus 2.11)

Deus é excelente por si só, e tudo o que pertence a Ele é excelente. Sua natureza na mais pura forma é excelente. O Homem feito à imagem e semelhança de Deus, o Arquiteto original, é excelente. O relacionamento entre o Homem criado e o Criador, no seu intento inicial, é excelente.

Assim como a sabedoria e a beleza, a excelência é uma expressão do Rei e do Seu Reino, que serve para transformar as nossas percepções sobre cada área da vida. A excelência, ao contrário do que muitos pensam, não é sinônimo de perfeccionismo, mas de entrega radical e adoração a Deus. Excelência não é fazer tudo perfeito, mas fazer o seu melhor com tudo que você tem. Nós podemos não ser os mais inteligentes ou melhores em algo no mundo, mas sempre podemos brilhar ao aplicarmos o nosso melhor para glorificarmos a Deus. Tudo que fazemos é para ser feito em Deus e para Ele. Quando as nossas vidas familiares, espirituais, financeiras, acadêmicas, profissionais e públicas se tornam nossas ofertas a Deus, nós nos tornamos expressões no Reino na Terra.

Daniel foi uma pessoa que influenciou o destino de uma nação, através da excelência do seu trabalho. De todos aqueles escravos que vieram para a Babilônia, a Palavra diz que o rei olhou para ele e disse: "Ele tem um espírito excelente". Em outras palavras, ele é diferente, fora de série, ele desponta. Ele não era o rei da Babilônia, mas ainda assim, o governo e a economia daquela nação pagã estavam dentro da sua esfera de influência.

> Há no teu reino um homem, no qual há o espírito dos deuses santos; e nos dias de teu pai se achou nele luz, e inteligência, e sabedoria, como a sabedoria dos deuses; e teu pai, o rei Nabucodonosor, sim, teu

pai, o rei, o constituiu mestre dos magos, dos astrólogos, dos caldeus e dos adivinhadores; Porquanto se achou neste Daniel um espírito excelente. (Daniel 5.11-12)

O segredo de Daniel era servir ao rei como ele servia o Rei dos reis: Deus. Isso era o que garantia que a obra de suas mãos e as palavras que saíam de sua boca expressassem excelência. Daniel levava a sério o seu trabalho porque Ele sabia que era uma forma de honrar e adorar a Deus. O trabalho que fazemos para Deus, realizado com toda nossa vontade e empenho, é considerado um trabalho excelente, e esse tipo de adoração atrai a presença de Deus para os ambientes em que estamos inseridos. Ainda que ele pudesse listar inúmeras razões para murmurar ou alegar que o que estava fazendo não tinha nada a ver com o Reino de Deus, ele permaneceu servindo como servo bom e fiel, multiplicando tudo que lhe era confiado, sendo até promovido. Ele não tinha acesso ao mesmo Espírito Santo que está disponível para nós hoje, mas, ainda assim, foi bem-sucedido no chamado de discipular uma nação. Agora imagine só o que nós, que carregamos o Espírito do nosso Senhor, podemos fazer!

Eu creio que, quando nós chegarmos no Céu, vamos realmente nos impressionar com muita coisa que achávamos que não era espiritual, mas aos olhos de Deus é. Há algo que a rainha de Sabá fala a Salomão que me marca: "Eu me impressiono com a sua arquitetura, com a sua culinária, sua moda, sua maneira de tratar seus funcionários. Eu me impressiono como você adora o seu Deus". E sabe, na realidade, tudo o que nós fazemos é adoração, e eu queria desafiar você a se questionar: Como a minha adoração tem refletido a sabedoria, a beleza e a excelência do meu criador?

Eu creio que, quando nós entendermos que a nossa vida é uma adoração, e falarmos: "Deus, eu quero te adorar com a sabedoria de Salomão. Quero te adorar com a excelência de Daniel. Eu quero te adorar com a beleza de Ester", as rainhas de Sabá e os reis da Babilônia de hoje conhecerão o nosso Deus. Talvez, esses reis e rainhas sejam os nossos colegas na faculdade, nossos primos que ainda não conhecem o Senhor Jesus, nossos vizinhos, os nossos chefes ou funcionários no trabalho, e nós, assim como as figuras bíblicas citadas acima, poderemos tirar o ar deles expressando o Reino. Você quer isso?

Eu não sei você, mas eu quero! Uma das coisas que eu quero fazer antes de morrer é por esse ponto de interrogação na minha geração! Eu quero que a minha geração olhe para minha vida e fale: "Será que não vale a pena eu abrir mão dos meus tesouros para fazer parte do Reino que esse homem serve? Será que não vale a pena eu abrir mão do meu império, da minha coroa, para adorar e servir o Rei dos reis?".

Eu escutei uma frase outro dia que é muito forte: "A melhor estratégia de evangelismo é um crente saudável". Seja um crente saudável! Seja excelente! Seja belo! Seja sábio! Cause "inveja santa"! Pare para pensar se sua vida hoje causa "inveja santa" nas pessoas à sua volta.

O apóstolo Paulo nos fala em Romanos que é a bondade de Deus que nos leva ao arrependimento. Será que nossa vida reflete essa bondade ou nos contentamos em meramente sobreviver e sermos medíocres?

Nós devemos desejar ser tão amados por Deus e tão capazes de expressar esse amor através de nossas vidas, que esse amor irá incomodar pessoas que ainda não o conhecem! O nosso testemunho fará com que pessoas saiam das suas zonas de conforto e busquem conhecer o que nos transforma. Devemos querer ver as pessoas indignadas pelos motivos certos: ver o Reino de Deus em suas vidas. Eu não sei se você já ficou perto de um casal muito apaixonado, que fica naquele grude que deixa a gente incomodado. Muitas vezes, as pessoas olham para esses casais e podem até ter um pouco de nojo, mas, no fundo, todos têm aquela pitadinha de inveja. Imagine só o que acontecerá quando o mundo vir o romance épico que nós vivemos com o nosso Rei. Esse relacionamento é o que faz com que tenhamos sabedoria dos céus no nosso andar, a beleza do nosso criador em quem somos e no que fazemos, enquanto revelamos a excelência do nosso Deus. É a bondade de Deus que nos incomoda e nos leva ao arrependimento, uma mudança radical de mentalidade.

Romanos 2 diz que a bondade nos leva ao arrependimento, em outras palavras, não é a nossa acusação que levará os reinos deste mundo ao arrependimento. Não são os fardos que jogamos sobre as pessoas que causará transformação nelas. São as nossas vidas expressando a bondade de Deus e a cultura do Reino na Terra dos viventes que farão com que eles pensem "o Reino de Deus é real. Ele é melhor do que tudo o que eu já experimentei e vi. Como faço para fazer parte dele?".

O meu coração queima para vivermos a bondade de Deus aqui na Terra dos viventes, para que a maneira como nós vivemos gere um arrependimento, uma mudança radical de mentalidade, e as pessoas saibam que o Reino de Deus é chegado em nosso meio. Que sejamos sábios, excelentes e belos para tirarmos o ar das rainhas de Sabá e influenciar os reis deste mundo que estão por aí na nossa sociedade.

Nós queremos adorar o nosso Deus com tudo o que somos e temos. O clamor de toda a humanidade é conhecer o Rei dos reis e Seu Reino. O tempo está cumprido, o Reino é chegado. Temos o privilégio de estarmos vivos para um tempo como este. É o nosso tempo. É o nosso mandato cultural.

Com a convicção de que não pertencemos a este mundo abalável, nós podemos ser o canal ousado que apresenta o amor, o poder, a sabedoria, a beleza e a excelência da nossa pátria celestial. Como coerdeiros, cidadãos e embaixadores do Reino Inabalável revelaremos a glória do nosso Rei e faremos com que todos os reinos deste mundo se tornem parte do Reino do nosso Deus. E, assim, seja feita a tua vontade, assim na Terra como no Céu.

REFERÊNCIAS BIBLIOGRÁFICAS

MUNROE, Myles. The Principle and Power of Kingdom Citizenship: Keys to Experiencing Heaven on Earth. 1.ed. New York : Destiny Image, 2016.

REID, Thomas F. Kingdom Now But Not Yet. 1. ed. New York: IJN Publishing, 1988.

LADD, George Eldon. O evangelho do Reino: estudos bíblicos do reino de Deus. 1. ed. São Paulo: Shedd Publicações, 2008.

FEE, Gordon Donald. The Kingdom Of God Series - The Nature of the Kingdom. 1983. Disponível em: < https://www.youtube.com/watch?v=qV0jqooBA6w >. Acesso em: 12 de agosto 2018.

FEE, Gordon Donald. The Kingdom Of God Series - The Mystery of the Kingdom. 1983. Disponível em: < https://www.youtube.com/watch?v=BJFyI52uWO4 >. Acesso em: 12 de agosto 2018.

FEE, Gordon Donald. The Kingdom Of God Series - The

Ethics of the Kingdom. 1983. Disponível em: < https://www.youtube.com/watch?v=Qvcf1v8dtBA >. Acesso em: 12 de agosto 2018.

FEE, Gordon Donald. The Kingdom Of God Series – To Enter The Kingdom. 1983. Disponível em: < https://www.youtube.com/watch?v=LfZtoG-JqOQ >. Acesso em: 12 de agosto 2018.